国家出版基金项目
NATIONAL PUBLICATION FOUNDATION

中国出版家丛书
ZHONGGUO CHUBANJIA CONGSHU

Zhongguo Chubanjia
Feng Xuefeng

中国出版家

冯雪峰

柳斌杰 主编　　张国功 著

人民出版社

出版说明

　　出版不仅仅是一个充满竞争的商业领域，同时，它也深深打上了"文化"和"思想"的印记。在这个文化场域中，交织着多种力量的动态关系，通过出版物的呈现和出版活动的开展，描绘了一个时代的文化风貌；而回旋折冲于其间者，则是那些幕后活跃、台前无闻的各类出版人。他们自喻"为他人做嫁衣裳"，事实上，却是国家文化传承和历史记录的主要担当者，有出版发展的参与人和见证者甚至称他们所起的作用为保存民族记忆的千秋大脑。虽然扼据出版要津之地，却少见自家行当的人物传记出版。本丛书是第一次规模化地为这个群体中的杰出者系列立传，从一个人到一群人的出版事功中，折射出近代以降出版业的俯仰变迁，同时也见证着出版参与时代文化思想缔构及其背后深广的社会历史内容。那些曾经彪炳于时的出版人，一方面安身于这个行业，以其敏锐犀利的时代洞察，在市场、经营与创意中躬行实践，标领乃至规划了这个行业的发展，并使之成为国民经济的一个重要门类；另一方面又在"安身"之外，显现出面向社会的公共性关怀与"立命"的超越性关怀，从职业而志业的追求中，服务于民族解放、思想启蒙与文化进步的社会性经营，书写了出版人生的风采、风骨与风流。

本丛书所传写的 50 余位出版人，均为活跃于 20 世纪并已过世的出版前辈。中国古代也曾涌现了陈起、毛晋等出版大家，只是未纳入本书的传主范围。丛书在体例上，有单人独传与多人合传之分，但这并不必然意味着对传主出版贡献及其历史地位的轻重判别，许多情况下的数人合传，乃困于传主史料的阙如而不得已的选择，某些重要出版人如大东书局总经理沈骏声、儿童书局创办人张一渠等，也囿于同样情形而未能列入本丛书的传主名单，殊觉憾事。虽说隐身不等于泯灭，但这个行业固有的幕后特征多少带来了出版人身份上的隐而不显、显而不彰。本丛书的出版，固然是想通过对前辈出版事迹的阐幽发微、立传入史，能让同样为人做嫁衣者的当今出版人不至于觉得气类太孤，内心获得温暖，并昭示后来者在人生目标上，在家国情怀上，在出版境界上，追步于前贤，自觉立起一面促人警醒自鉴的镜子；同时更希望通过一个个传主微历史的场景呈现，让更多的人认识到出版在产业之外，更是一项薪火相传的社会文化事业，它对时代文化的接引与外度，使其成为一种任何人都不可忽视的"势力"，在百余年来的社会发展进程中，发挥了不可替代的作用。

故此，我们推出这套"中国出版家丛书"，以展示中国文化创造者的风采，弘扬他们的优良传统和崇高的职业精神，发掘出版史史料，丰富出版史研究和编辑史研究。

"中国出版家丛书"编辑委员会

人民出版社编辑部

二〇一六年四月

目 录

前　言

如雪山之峰，洁白而高耸，冯雪峰是寂寞的。

在中国现当代文学研究领域，长期以来，冯雪峰研究从未成为显学。

在陈早春、万家骥的《冯雪峰评传》开头，作者开门见山地列举了他"筚路蓝缕，以启山林"的开拓性贡献：

> 在中国左翼无产阶级的文艺运动中，他是重要的组织者和领导者；他领导或参与了许多文艺运动，致力于无产阶级文艺的理论建设和创作实践；当无产阶级文艺进入以《在延安文艺座谈会上的讲话》为标志的新时期，他又在理论上作了许多承前启后的工作，总结新民主主义文艺运动的经验，探讨社会主义文艺的规律；他作为鲁迅研究的"通人"，科学地论证了鲁迅作为我国现代文学奠基者的地位，评论了许多构成中国现代文学史重要篇章的作家作品，为中国现代文学史提供了思想和美学基础。此

外，他还写了近 300 万字的杂文、诗歌、寓言、电影、译作和回忆录。他的成绩是卓著的，在中国现代文学史上的地位是独特的。[①]

这本评传的作者之一陈早春，是冯雪峰在人民文学出版社的晚辈，亦曾担任人文社社长与总编辑，后来一直致力于冯雪峰研究。但稍有遗憾的是，这册至今为止仍被学界认为是最翔实的冯雪峰传记，也没有明确地标示出冯雪峰出版家的身份。在这本厚达 570 余页的传记中，传主编辑出版的经历仅有"建国以后的奔波"一章 50 余页简要述及。

确实，与现当代大多职业出版家不同，对于集革命家、文艺理论家、翻译家、诗人等于一身的冯雪峰来说，他的人生经历实在是太复杂了，他的角色实在是太多元了。与轰轰烈烈的左翼文艺运动、征途漫漫的两万五千里长征、烈火真金的上饶集中营斗争等经历相比，冯雪峰平实、沉潜的编辑出版工作，难免为人所忽视。但事实上，编辑出版可以说是冯雪峰一生中参与时间最为长久的文化活动，也是这位革命知识分子执着地践行与铸造其革命精神、文艺理论最为重要的阵地：

"五四"之后，在春光明媚的西子湖畔，冯雪峰与同人编辑《湖畔》诗集，歌吟青春与爱，奠定了文人编辑的精神底色。

20 世纪二三十年代，在国民政府对革命文化进行残酷"围剿"的恶劣环境中，冯雪峰在上海积极组织翻译出版马克思主义文论著

---

① 陈早春、万家骥：《冯雪峰评传》，人民文学出版社 2003 年版，第 1—2 页。

作、编辑进步文艺报刊，大力推动左翼文艺运动。

新中国初期，在百废待兴的建设时期，冯雪峰出任人民文学出版社首任社长、总编辑与《文艺报》主编，筚路蓝缕，开拓人民文学出版事业，在"古今中外"各个文化维度上推出大量优秀出版物，建构起内容丰富、格局宏大、品格厚重的人民文学，为社会主义文化建设创造了宝贵的精神财富，积累了崭新的文化经验。

从诗情飞扬的五四时期到风沙扑面的革命年代再到求索前行的社会主义建设时期，从文学同人出版到左翼组织出版再到人民文学出版，冯雪峰一生丰富多彩的编辑出版实践活动，从个体看，深刻地体现出革命家、文艺理论家与编辑出版家三位一体的深层互动与融合；从时代看，折射出 20 世纪中国动荡变革中深广、复杂的社会历史内涵。本书试图勾勒出冯雪峰厚重人生中优秀的编辑出版家这样一个不可忽视的侧面。

第一章

"湖畔诗人"的同人编辑活动

一、"纯粹地之子"

1903 年 6 月 2 日,冯雪峰出生在浙江省义乌县南乡神坛村,原名冯福春。

义乌地处浙东,以"报仇雪耻之乡"著称。"浙东多山,故刚劲而邻于亢。"[1] 从文化性格来看,如越瓷之刚,地处宁绍平原的浙东偏于劲直刚韧。义乌古代的名人有《讨武曌檄》的作者骆宾王、宋代抗金名将宗泽等,都以耿直名世。现代文学史上,周氏兄弟、许钦文、许杰、巴人、王鲁彦等浙东籍

---

[1] 《浙江通志》。转引自彭晓丰、舒建华:《"S 会馆"与五四新文化的起源》,湖南教育出版社 1995 年版,第 209 页。

现代乡土作家，性格上都有着厚重的"土气"、"硬气"和整体的忧郁感。①乡邦人物与文献，常常以一种隐幽而顽强的存在方式，成为后人追慕与接续的精神力量。神坛村附近同样多山，民风剽悍，有着"民气的强顽"。正如后来冯雪峰在反思自己的性格时所说："凡在我们地方的人都有这特色，身体坚硬，皮色焦黄，石一般的心的痴呆，恰恰和我们的地土相合。我们是纯粹地之子哩。我们的四周都是山，虽然并不高，可是从山那边和我们来往的只有飞鸟与云，从不曾有过一个生疏的人类到过我们那里；因此我们就很缺乏流动的性质了。"②在以义乌为中心的山乡，现当代文化名人还有语言学家陈望道、史学家吴晗与诗人艾青。"不同于别处文人的是，在他们身上，我们总能发现质朴、耿直和倔强，在他们脍炙人口的诗文里，也都有一些土产的'拳头'味道。"③鲁迅后来曾经评价过，冯雪峰具有"浙东人的老脾气"④。他身上一直葆有农民式的质朴、耿直精神与傲骨，这点令人印象深刻："雪峰同志令人感到异常质朴，但这种质朴又不是未经雕琢的，这是一个久经锻炼的革命者的质朴，是一个身上保持着劳动人民感情的革命知识分子的质朴。"⑤"见第一面我就认为雪峰是个鲠直、真诚、善良

---

① 彭晓丰、舒建华：《"S 会馆"与五四新文化的起源》，湖南教育出版社 1995 年版，第 217—244 页。

② 冯雪峰：《月灾》，《冯雪峰全集（一）》，人民文学出版社 2016 年版，第 180 页。

③ 冯夏熊：《冯雪峰——一位坚韧不拔的作家》，载包子衍、袁绍发、郭丽卿、王锡荣编：《冯雪峰纪念集》，人民文学出版社 2003 年版，第 2 页。

④ 许广平：《欣慰的纪念》，人民文学出版社 1981 年版，第 67 页。

⑤ 陈涌：《关于雪峰文艺思想的几件事》，载包子衍、袁绍发、郭丽卿、王锡荣编：《冯雪峰纪念集》，人民文学出版社 2003 年版，第 286 页。

的人。"①"秉性豪爽，处事果断，具傲骨，易怒，人不敢近。"② 对冯雪峰诸如此类的人格评价，在此后同事、朋友的回忆性文章中，十分常见。

冯雪峰为大家庭的长子。尽管家里也有着传统中国家庭美好的一面，如祖父倔强而坚韧，像"尽忠的老仆一样"③，但与大多数中国农民一样，冯雪峰首先面临着艰难生活的挑战。父亲性格暴躁，常常无端打骂妻子，埋怨她待儿子"太殷勤，太宠爱"。但母亲只能忍气吞声，只希望儿子"快点长起来，长成一个很强健的人"。④ 同情母亲的冯雪峰常常遭到父亲的拳打脚踢。与母亲同为受压迫者的身份，使得冯雪峰形成了坚韧与抗压的个性。"在这种艰苦环境中成长起来的冯雪峰懂事早，讲究实际，能独立思考人生，不肯随大流。"⑤ 幸运的是，冯雪峰得到祖父的支持与安排，有机会读书识字。

自 1912 年秋起，冯雪峰先后在邻村赤岸的一家私塾、冯氏祠堂中的私立初等小学、田心村的义乌县立第三高等小学读书。

1919 年春，16 岁的冯雪峰瞒着家里人来到金华，以第二名的成绩考入设在金华的浙江省第七师范学院。不久，五四运动爆发，新思想席卷全国。在金华，冯雪峰阅读到《新青年》、《新潮》等五四新文

---

① 巴金：《纪念雪峰》，载包子衍、袁绍发、郭丽卿、王锡荣编：《冯雪峰纪念集》，人民文学出版社 2003 年版，第 25 页。

② 许觉民：《阅读冯雪峰》，载包子衍、袁绍发、郭丽卿、王锡荣编：《冯雪峰纪念集》，人民文学出版社 2003 年版，第 313 页。

③ 冯雪峰：《柳影》，《冯雪峰全集（一）》，人民文学出版社 2016 年版，第 178 页。

④ 冯雪峰：《睡歌》，《冯雪峰全集（一）》，人民文学出版社 2016 年版，第 11 页。

⑤ 吴长华：《冯雪峰的人生轨迹》，载上海鲁迅纪念馆编：《第三届冯雪峰学术研讨会论文集》，上海文艺出版社 2005 年版，第 54 页。

化报刊。因为学监守旧，防范新思潮影响学生，禁止不满学校当局的一切言论和行动，1921 年，七师爆发驱逐学监的学潮，带头的冯雪峰被开除。他来到省城杭州报考了浙江第一师范学校，顺利成为一师的学生。

从偏僻的山里神坛村走向江南文化中心杭州的冯福春，在这一年将原名改为冯雪峰，告别了旧的生活，开始了他全新的人生。在后来，冯雪峰还曾以"伴耕"、"画室"、"洛扬"、"成文英"、"何丹仁"、"吕克玉"、"S.F."、"O.V."、"诚之"等作为著译的笔名。而雪山之峰，高耸洁白，像其人格。这位灵魂晶莹、光明磊落的人，终生以"冯雪峰"之名为世人所熟知。

二、"湖畔诗人"的友情与诗

五四时期的浙江第一师范学校，是南方新文化运动的中心之一。思想趋新的校长、教育家经亨颐，当时邀请刘大白、陈望道、夏丏尊、李次九"四大金刚"对一师国文教学进行改革，倡导人格教育与新文化。在新文化思潮的影响下，一师等学校学生创办了浙江最早宣传社会主义的刊物《浙江新潮》。后杂志被查禁，经亨颐去职，"四大金刚"被迫离校，引发著名的"一师风潮"。但不久，从新文化运动中成长起来的朱自清、叶圣陶、俞平伯、刘延陵等年轻一辈陆续到来，担任国文教员。与前面"金刚"们的勇猛不同，朱、叶等人平易谦慎，反而以一种和风细雨、静水深流的方式，推动了一师的前进。风云际会之下，浙江一师很快成为"当时中国东南部文化运动的重镇"①。有学者统计，在"后五四"时期，浙江省出现了 134 至 150 种学生刊物，其中近 100 种出现在 1919 年 10 月到 1920 年 3 月间；超过 80% 的学生刊物在省会杭州发行，而浙一师学生参与了半数以上刊物的编辑、写稿工作。② 后来，一师的进步师生会聚上海，并通过上海大学、文学研究会、立达学会等新式团体机构联系在一起。以一师为纽带的进步人士会聚上海，在某种程度上为大革命后出版网的形成、发展奠定了基础。③ 这种地缘兼学缘关系加上共同的"一师风潮"记忆，为冯雪峰日后在上海开展以编辑出版为载体的左翼文艺工作，起到了一定的人际与情感联络作用。除了冯雪峰，此后还有许多一师师生和浙江新潮社成员活跃在出版宣传领域，如陈望道、杨贤江、施存统、夏衍、柔石、潘漠华、汪馥泉、傅彬然等。

身处新文化思潮中的冯雪峰，开始如饥似渴地阅读《新潮》、《新青年》等进步报刊，文学兴趣很快被激发。他开始以未泯的童心、农民式的质朴创作新诗。以胡适的《尝试集》、郭沫若《女神》等为代表，白话新诗在当时意味着一种活泼的解放的力量与时代进步的方向。而与传统的血缘、亲缘等关系不同，以志同道合为纽带的文学社团，已经开始在新文学发展中发挥重要作用。在五四运动的影响之下，成立"社会组织"，以"同业联合"的方式进行社会改造，成为各行各业的自觉意识。在文学界，组建文学社团成为当时的风气。茅盾估计，1922 年至 1925 年期间，"是

① 魏金枝：《柔石传略》，载丁景唐、瞿光熙主编：《左联五烈士研究资料编目》，上海文艺出版社 1981 年版，第 217 页。

② 周旻：《试论"浙一师风潮"中的青年问题》，《云梦学刊》2016 年第 3 期。

③ 邢科：《左翼之网：中国共产党领导的上海出版业——以 20 世纪二三十年代的上海为中心》，《中国出版史研究》2019 年第 4 期。

青年的文学团体和小型的文艺期刊蓬勃滋生的时代"，在全国主要城市中有 100 余文学团体与刊物，如"曦社"、"春光社"、"浅草社"、"星星社"、"绿波社"、"嫩芽社"、"春风社"、"有春社"、"晨曦社"、"白杨社"、"红光社"等，多以生气勃勃的词汇冠名，① 象征着一个时代的青春气息。在潘漠华、汪静之等人的发起下，一师的文学爱好者，邀请集结浙江一师、安定中学、惠兰中学和浙江女师等学校以及《浙江日报》等报刊社的文学爱好者，于 1921 年 10 月 10 日，在西子湖畔成立了文学团体"晨光社"。冯雪峰、赵平复（柔石）、魏金枝、应修人、谢旦如等参加，他们因为共同的文学兴趣、思想情趣而结下了真挚的友谊。晨光社以研究文学为宗旨②，自成立后，每月聚会一次，以分享近作、评析新书或游览的方式进行交流。据冯雪峰回忆，他们"常常在星期日到西湖西泠印社或三潭印月等处聚会，一边喝茶，一边相互观摩各人的习作，有时也讨论国内外的文学名著"。社团聘请了朱自清、叶圣陶、刘延陵等教师担任文学顾问，开展讲演会。在冯雪峰看来，"朱先生是我们从事文学习作的热烈的鼓舞者，同时也是'晨光社'的领导者"③。对于朱自清的指导，多年后冯雪峰曾经在悼念文章中说："作为一个新文艺的开垦者、推广者，以及传授给青年和培植青年的教育者，朱先生实在是一个最坚毅和最勤恳的工作者，

① 茅盾：《〈中国新文学大系·小说一集〉导言》，《茅盾全集》第二十卷，人民文学出版社 1990 年版，第 456—461 页。
② 《晨光社简章》。转引自董校昌：《晨光社的成立及其活动》，《新文学史料》1985 年第 3 期。
③ 冯雪峰：《〈应修人、潘漠华选集〉序》，《冯雪峰全集（六）》，人民文学出版社 2016 年版，第 355 页。

并且对于新文艺和青年，他实在是一个伟大的，吴晗先生所说的褓母。"①1922 年下半年，社团每周出版《晨光》一张，作为《浙江日报》的副刊之一②，登载社员的作品，以增加"攻研的兴味"。冯雪峰虽然不是晨光社的发起人之一，但他也是这个团体的骨干分子。③1921 年 11 月 22 日，冯雪峰的诗歌处女作《到省议会旁听》发表于当时著名的副刊《时事新报·学灯》上。诗歌以幽默、辛辣的笔法勾勒出了议员相互勾结的面目。1922 年，冯雪峰在中国现代文学史上的第一个诗歌刊物《诗》月刊（朱自清、俞平伯、刘延陵创办）一卷二号（2 月 15 日）上发表诗作《小诗》和《桃树下》。

随着诗友圈子影响的扩大，"晨光社"逐渐走出校园，走向社会。1922 年 4 月，冯雪峰与潘漠华、汪静之、应修人在西湖畔成立了新诗文学团体——湖畔诗社。如果说晨光社时期，冯雪峰还只是一个普通的参与者，那么在湖畔诗社群体中，他便逐渐成为一个主要的角色。湖畔诗社的成立，与《湖畔》诗集密不可分。冯雪峰后来曾追忆：

> （湖畔诗社）实际上是不能算作一个有组织的文学团体的，只可以说是当时几个爱好文学的青年的一种友爱结合。1921 年，

---

① 冯雪峰：《损失和更重要的损失》，《冯雪峰全集（四）》，人民文学出版社 2016 年版，第 78 页。
② 此为冯雪峰回忆。但据考证，这一时期杭州并没有《浙江日报》，因此冯可能是误记。《晨光》周刊可能附于《新浙江》或《浙民日报》。参见董校昌：《晨光社的成立及其活动》，《新文学史料》1985 年第 3 期。
③ 董校昌：《晨光社的成立及其活动》，《新文学史料》1985 年第 3 期。

当时在杭州浙江第一师范学校读书的汪静之已经有诗作在刊物上发表，这引起了那时也正在热心于新诗写作的修人的注意……大约 1922 年初他开始同静之通信，接着由静之介绍也就同漠华和我通信，那时漠华和我也在浙江第一师范学校读书。这样，1922年 3 月底，当修人有几天春假的时候，就来杭州同我们一起在西湖各处游玩了一个星期……由他发动，主要的也是由他编选，从我们四人习作的诗稿里挑出一些诗来，编成一集，名为《湖畔》……以作我们这次会晤的一个纪念的。但没有书店肯出版，于是即由修人出资自印，于 4 月间出版了，"湖畔诗社"的名义就是为了自印出版而用上去的，当时并没有要结成一个诗社的意思。但我们中间的友谊却也有进无退，而且不久我们的圈子还扩大了一些……①

《湖畔》诗集共收诗 61 首，其中有冯雪峰作品 17 首。诗集于 5月 9 日出版，首印 3000 册，很快售完。清新而真挚的诗风，拨动着广大青年读者的心弦。

1923 年 12 月，《湖畔》第二集出版，题名为《春的歌集》，收录1922 年 4 月至 1923 年 8 月潘漠华、冯雪峰和应修人三人的诗歌。诗集的选编过程非常慎重，三人不仅相互审看诗稿，提出修改意见，还把诗稿送给胡适、郁达夫与叶圣陶等人请教。诗集共收 105 首诗，其中有冯雪峰诗 11 首、散文 1 篇（《秋夜怀若迦》）。

湖畔诗社群体风华正茂，志同道合，他们以文会友，以诗抒怀，

① 冯雪峰：《〈应修人、潘漠华选集〉序》，《冯雪峰全集（六）》，人民文学出版社2016 年版，第 354 页。

歌吟青春与爱情，诗风清新缠绵。《湖畔》诗集是中国新文学史上最早的新诗集之一。诗集以其反封建、渴望自由的心声，淋漓尽致地体现了时代精神。除了江浙皖的江南地缘关系，文学趣味成为"湖畔"青年交往的重要纽带。同人诗友结群出版诗集，且以续集的方式出版，成为传播学中的一种"团体传播"现象。在湖畔诗社自编自印诗集的过程中，年轻的诗人群体面临着巨大的现实压力。作为《湖畔》诗集第三集的《过客》（魏金枝），因为缺乏印费而未能出版。谢旦如自印《苜蓿花》（1925 年）作为第四集。此外，就没有再出版过诗集了。但湖畔诗社诗友自行编辑出版诗歌集和刊物的做法，在激昂的"新青年"时期，有力地推动了新诗的传播，扩大了"湖畔诗歌"的影响。沈从文曾说"湖畔诗人""所引出的骚扰，由年青人看来，是较之陈独秀对政治上的论文还大的"①。当时还在武昌读中学的胡风，读到了《湖畔》诗集。他后来回忆，这是使他"真正接近了文学也接近了人生的"两本不太被人知道的小书之一，它"教给了我被五四运动唤醒了'自我'的年轻人底感觉，救出了我被周围的生活围困住了的心情"②。周作人、郁达夫等都曾对"湖畔诗歌"解放的力量表示支持。当时诗歌的"意见领袖"、"湖畔"指导教师之一朱自清，不仅曾为汪静之《蕙的风》作序，还在读到《湖畔》后几天，又写下《读〈湖畔诗集〉》，发表在 6 月 11 日上海《时事新报》副刊《文学旬刊》上，表达了对《湖畔》诗作的欣赏。1925 年冯雪峰在北京时，毛泽东曾

---

① 沈从文：《论汪静之的〈蕙的风〉》，《沈从文全集》卷十六，北岳文艺出版社 2002 年版，第 87 页。

② 胡风：《理想主义者时代底回忆》，《胡风评论集（上）》，人民文学出版社 1984 年版，第 251 页。

从广州托熟人捎口信给他，说自己很喜欢他写的新诗，希望他能到南方去工作。①

在现代中国，青年以文学为纽带，成立社团，创办刊物，成为新起的文化现象。《湖畔》诗集的编辑与传播，主要是基于同人间的青春友谊与诗歌旨趣。"值得注意的是，在《湖畔》《春的歌集》《支那二月》等诗集的出版过程中，冯雪峰并没有形成明确的编辑意识，一切都是随着几个年轻人自然的诗性率真流露出来的，甚至更多的编辑工作是应修人所为，但在这样的时代风潮影响下所形成的自由、自主的文学理念和编辑思想，对其日后的编辑活动一直有着深远的影响，这也是冯雪峰在建国后的编辑活动中能一直不放弃对文学'艺术性'追求的渊源"②。可以说，在很大程度上，"湖畔诗人"的经历，成为五四新文化运动在冯雪峰身上投下的精神记忆。

---

① 冯夏熊：《冯雪峰——一位坚韧不拔的作家》，载包子衍、袁绍发、郭丽卿、王锡荣编：《冯雪峰纪念集》，人民文学出版社 2003 年版，第 13—14 页。另见陈早春：《夕阳，仍在放光发热——追忆雪峰的晚年》，载包子衍、袁绍发、郭丽卿、王锡荣编：《冯雪峰纪念集》，人民文学出版社 2003 年版，第 381 页。
② 钟媛：《略论五四"文人编辑"的"体制化"转型——以冯雪峰的编辑历程梳考为个案》，《贺州学院学报》2017 年第 3 期。

第二章

"左联"时期的翻译出版与刊物编辑

一、"文学工场"的编辑活动

随着"五四"的落潮，新文化群体逐渐风流云散。以新文学与青春的诗情筑梦的湖畔诗人，也慢慢离开"湖畔"。大时代的浪潮，影响着每个人的命运。他们歌颂自然、赞美爱情的青春歌声，逐渐变得沉重，直至发出抗争与呐喊。他们文学青年的身影，离开青春校园与美丽湖畔，投向风沙扑面的社会现实与革命运动，在1930年代左翼的时代大潮中成长。

1924年初，冯雪峰因为经济困难而被迫辍学。此后他一直在探索生活的出路，曾在上海中华学艺社当事务员，在浙江慈溪县立女子小学代课。1925年春，冯雪峰来到北京。他与浙江一师的老同学柔石和老乡张天翼、王鲁彦、姚蓬子等人，一起成为北京大学文学院的旁听生。同乡、同学的关系，将这些青年紧紧地连在一起。他们相互支持，练习写作，冯雪峰"除在课堂上听课而外，还充当文字校对，计字以换铜子；充当家庭教师，计时以兑铜板；再拿着这些铜子铜板，换回烧饼火烧之类以及必不可少的书籍"①。这一时期，冯雪峰还曾在北大听过几次鲁迅的课。②

　　1924 年前后，正值大革命的前夜。在北京的冯雪峰日益感应到时代的变化，开始思考国家的命运。早在 1923 年，冯雪峰就在给应修人的信中说："我们耻以文人相尚，应诗人而兼革命家。"③ 在北大，他旁听了青年偶像、马克思主义者李大钊开设的"社会主义和社会运动"、"工人的国际运动"、"唯物史观研究"等课程，接触到唯物史观、阶级斗争理论等，思想发生飞跃。他还利用闲暇时间自修日文，钻研有关马克思主义的文艺理论。1926 年，在北大读预科的潘漠华南下武汉，参加北伐军，从事宣传工作，并于 1927 年初加入中国共产党。1927 年 4 月28 日，李大钊惨遭北洋反动军阀杀害，给冯雪峰以极大的刺激。6 月，由张天翼介绍，24 岁的冯雪峰在北京中国大学支部加入了中国共产党。在此前后，应修人、魏金枝等都加入了共产党。正如鲁迅所说："到了大革命的时代，文学没有了，没有声音了，因为大家受革命潮流的鼓荡，大家由呼喊而转入行动，大家忙着革命，没有闲空谈文学了。"④

---

　　①　冯夏熊：《冯雪峰——一位坚韧不拔的作家》，载包子衍、袁绍发、郭丽卿、王锡荣编：《冯雪峰纪念集》，人民文学出版社 2003 年版，第 6 页。

　　②　冯雪峰：《回忆鲁迅（1952 年版）》，《冯雪峰全集（四）》，人民文学出版社 2016 年版，第 231 页。

　　③　参见应修人 1923 年 8 月 31 日日记，载上海鲁迅纪念馆编：《应修人日记》，上海书画出版社 2003 年版，第 365 页。

　　④　鲁迅：《革命时代的文学——四月八日在黄埔军官学校讲》，《鲁迅全集》第三卷，人民文学出版社 2005 年版，第 438 页。

由于四一二反革命政变和奉系军阀张作霖杀害革命者，政治气候剧变，1927年，在北京的知识分子群体像候鸟一样南迁上海。[1]张作霖查封北新书局时，发现冯雪峰翻译的苏联作家论文艺译稿的扉页上，有"这本译书献给为共产主义而牺牲的人们"的字迹，因此也对冯雪峰进行通缉。冯雪峰在鲁迅、韦素园等创办的"未名社"避居三月后，从北京南下，流亡上海。在上海，他经由在北京认识不久的朋友戴望舒介绍，入住松江施蛰存家中避难，与施蛰存、戴望舒、杜衡（苏汶）等人一起，组成"文学工场"，从事翻译工作。这几位蛰居此处的年轻人，原本是大学的共青团员，但当时开始推崇资产阶级新兴文学的各种流派。冯雪峰曾对戴望舒等人翻译的英国颓废派诗人陶孙（Ernest Dowson，又译道生）的作品提出批评，认为"这些诗太颓废消沉"[2]。冯雪峰喜欢美国诗人惠特曼、日本诗人石川啄木以及苏联的文艺理论。在冯雪峰的影响下，"文学工场"的翻译工作带上了左倾的色彩。从冯雪峰给戴望舒的一封信中，可以看出他们当时以卖文为生的日常生活与对代表着新世界观、生活理想的"新俄"的兴趣：

今日颇烦闷，终日萦思西湖，实在好笑。《夜》必须在下星期二才可完全弄好。《阿达拉》二稿也必须在下星期五可校好。鲁彦有关系的人间书局据说可望成，金枝的小说集已拿去，今日已先付我二十元，说只能抽版税，明后再可付三十元。你的《阿

---

[1] 旷新年：《1928：革命文学》，山东教育出版社1998年版，第19页。

[2] 施蛰存：《最后一个老朋友——冯雪峰》，《施蛰存全集》第2卷，华东师范大学出版社2010年版，第307页。

达拉》，鲁彦说如能改为"少女之誓"这书名，他们决会要，可先拿到一部分钱。此种改书名，实不大好，你的意思如何，请速来一信。我想如果为钱，则改书名，并改译者名亦可。人间书局付我的二十元，自己只能用五元，而且明后日的三十元，自己也已一元都不能用了。五元钱今天买了几本书，并定了两本新俄的短篇小说集，及一本新俄的《文化之研究》。

在这封信里，冯雪峰对朋友的翻译、创作等，直言相劝，希望朋友振作起来以摆脱无聊的生活："我感到上海的一般弄文学的青年的无聊，投机，无耻，加之头脑不清楚。同时想到自己，也想到你们。我想我们应振作一下，干些有意义点的事，弄文学也要弄得和别人不同点。"对朋友有概念化倾向的作品，冯雪峰不同意拿去发表："杜衡的《火曜日》，我这几日觉得不好。我本想寄到《未名》去，因我觉得不好，未寄，我想暂时搁下吧，不知杜衡以为如何？此篇小说实在太概念了，也太概念得平常了。《人去后》我倒以为是好的，并不是就思想说。"而对翻译，则表现出规劝："你们三人的翻译的努力，我实在佩服的。但我希望你们赶快结束旧的，计划新的，计划在人家之前的。"① 在这段时间，冯雪峰经常去上海买书或"销货"。买书多是去内山书店或日本旧书店。所谓"销货"，就是把著译稿带去找出版家。②

在冯雪峰的影响之下，"文学工场"同人开始注意起苏联文学。

---

① 冯雪峰：《1928年3月1日致戴望舒信》，《冯雪峰全集（七）》，人民文学出版社2016年版，第5页。

② 施蛰存：《最后一个老朋友——冯雪峰》，《施蛰存全集》第2卷，华东师范大学出版社2010年版，第308页。

他们完成了《唯物史观的文学论》、《新艺术论》、《飞行的奥西普》等著作的翻译工作，还依照鲁迅 1925 年在北京创办的《莽原》的模式，编辑了一份"很时髦，很有革命味儿"的文学刊物《文学工场》，收录了同人五篇文章，其中包括冯雪峰最早的论文《论革命与智识阶级》、冯雪峰译日本藏原惟人的《莫斯科的五月祭》。由于"内容有妨碍"，原定的出版方光华书局的老板沈松泉有些顾虑，最终没有出版。施蛰存后来分析，书局之所以不敢印行这期杂志，最大的原因恐怕是冯雪峰的那篇译文。① 差不多同时，"文学工场"同人创建了"第一线书店"，创办了《无轨列车》杂志。冯雪峰把此前没有刊出的《论革命与智识阶级》交给《无轨列车》发表。杂志共印行了 8 期，因"有宣传赤化嫌疑"而被查禁。不久，他们又创办水沫书店，继续传播新兴文艺理论。他们起初印行了冯雪峰译的苏联诗集《流冰》和施蛰存的中篇小说《追》，后又印行了柔石的《三姊妹》、胡也频的《往何处去》。柔石的书稿，是鲁迅托冯雪峰介绍来的。他们还启动了同人性质的文艺创作丛书"水沫丛书"与外国文学丛书"现代作家小集"、"新兴文学丛书"的编辑出版工作，但都未能如愿做完。②

当时的上海，正处于新书业的繁盛期，大量中小型新书局非常活跃。在"文学工场"期间，冯雪峰的翻译工作主要依托几个小书店展开，有不小的收获。在光华书局，冯雪峰出版了根据藏原惟人、外村史郎日译《俄国 K.P. 的文艺政策》一书转译的《新俄的文艺政策》（1928

---

① 施蛰存：《绕室旅行记》，《施蛰存全集》第 2 卷，华东师范大学出版社 2010 年版，第 78 页。

② 施蛰存：《我们经营过三个书店》，《施蛰存全集》第 2 卷，华东师范大学出版社 2010 年版，第 329—333 页。

年 9 月印行）和日本作家石川啄木的中篇小说《我们的一团与他》（1928 年 5 月印行）。因王鲁彦的关系，1928 年 6 月，冯雪峰在人间书屋出版了森鸥外的短篇小说集《妄想》译本。1928 年 11 月，冯雪峰在泰东图书局印行了他与杜衡翻译的罗曼·罗兰等人合著的《枳花集》。该书收录了反映苏联文艺、文化发展状况的多篇文章。值得注意的是，其中路纳却尔司基所著《苏联文化建设的十年》一文，介绍了教育、出版等苏联文化建设情况，其中特别以数据的方式，列举出新闻纸的种类与发行部数、科学书的发行量、新刊书总数等的增长情况，认为这些"关于出版物及出版制度的统计"，雄辩地说明战后苏联"文化的成长"。[①] 苏联的出版等文化事业，始终吸引着冯雪峰等左翼文艺运动的领导者与参与者，成为他们加强书刊出版力度、推动进步文艺运动的重要参照。

二、翻译出版马克思主义文艺理论著作

无论是此前的《湖畔》诗集，还是在"文学工场"期间的翻译与文艺刊物编辑，冯雪峰的编辑出版工作，还是处于相对自在、感性的个体状态。他真正有意识地、自觉地以引介、传播马克思主义文艺理论、无产阶级革命理论为目标的系统的编辑活动，开始于 1920 年代末、30 年代初以左翼文艺运动组织者与领导者身份从事的翻译出版和刊物编辑活动。

---

① 《冯雪峰全集（十）》，人民文学出版社 2016 年版，第 456—457 页。

1930年3月2日，中国左翼作家联盟即"左联"正式成立。"左联"成立时通过的《行动总纲领》和制定的工作方针，要求出版"左联"机关杂志与丛书，确立马克思主义的艺术理论及批评理论，"从事产生新兴阶级的文学作品"，等等。①1931年2月，根据党的安排，冯雪峰担任"左联"党团书记，主持"左联"工作。1932年2月，冯雪峰任中共中央文委书记。1933年6月，冯雪峰调任中共江苏省委常委、宣传部部长，兼管"文委"工作，直到12月离沪远赴中央苏区。这一时期，冯雪峰积极地从事革命活动兼文艺工作，自觉地以翻译出版与进步文艺刊物编辑等活动为其重要的武器。

（一）与鲁迅合作译编"科学的艺术论丛书"

关于翻译，鲁迅曾经说："我从别国里窃得火来，本意却在煮自己的肉的，以为倘能味道较好，庶几在咬嚼者那一面也得到较多的好处，我也不枉费了身躯。"②随着无产阶级革命文学运动的发展，革命文艺家越来越认识到革命文学和马克思主义文艺理论对于唤起民众觉醒、促进民族解放斗争的重要意义。鲁迅、瞿秋白、茅盾、陈望道、夏衍、柔石、曹靖华等纷纷集中精力从事翻译工作，形成了翻译出版马克思主义文艺理论的高潮。据有关资料统计，从1930年成立到1936年解散，"左联"在六年间翻译的文艺理论书籍多达

① 姚辛：《左联史》，光明日报出版社2006年版，第7页。
② 鲁迅：《"硬译"与"文学的阶级性"》，《鲁迅全集》第四卷，人民文学出版社2005年版，第214页。

139 种。① 在其中，冯雪峰不仅是翻译出版积极的践行者，也是出色的组织者。他的翻译出版及组织能力，在他与鲁迅合作翻译、主编的"科学的艺术论丛书"中体现得淋漓尽致。

"系统地介绍苏联文艺理论是一件迫切需要的工作，我们要发展无产阶级革命文学，必须先从理论上打好基础。"② 据施蛰存回忆，在冯雪峰影响下，"文艺工场"同人思想发生变化，对苏联等左翼的文学理论著作有所关注。1929 年办"第一线书店"时，陆续印行了刘呐鸥译弗理采（弗理契）的《艺术社会学》、戴望舒译伊可维支的《唯物史观的文学论》。这令冯雪峰非常高兴。他当时正在翻译卢那卡尔斯基的《艺术之社会的基础》。有一天，冯雪峰告诉"文学工场"同人，说鲁迅正在翻译卢那卡尔斯基的《文艺与批评》。于是大家产生了出一套系统地介绍马克思主义文艺理论丛书的想法，让冯雪峰去征询鲁迅的意见，看鲁迅能不能出任主编。鲁迅表示愿意支持他们编译丛书，但不能出任主编。鲁迅和冯雪峰拟定了 12 种书，并分配了译者。从 1929 年 5 月到次年 5 月，陆续印行了 5 种。③ 丛书名原拟"新兴文学论丛书"，后改为"科学的艺术论丛书"，中间曾一度改为"马克思主义文论丛书"。④

---

① 刘献彪：《左联译介活动》，载《中国翻译辞典》，湖北教育出版社 1997 年版，第 995 页。转引自邹振环：《20 世纪上海翻译出版与文化变迁》，广西教育出版社 2001 年版，第 166 页。

② 施蛰存：《关于鲁迅的一些回忆》，《施蛰存全集》第 2 卷，华东师范大学出版社 2010 年版，第 267 页。

③ 施蛰存：《最后一个老朋友——冯雪峰》，《施蛰存全集》第 2 卷，华东师范大学出版社 2010 年版，第 310 页；施蛰存：《我们经营过三个书店》，《施蛰存全集》第 2 卷，华东师范大学出版社 2010 年版，第 334—335 页。

④ 施蛰存：《关于鲁迅的一些回忆》，《施蛰存全集》第 2 卷，华东师范大学出版社 2010 年版，第 267—268 页。

关于丛书选目，原定为 12 种，包括：蒲力汗诺夫（普列汉诺夫）的 3 种，即《艺术论》（鲁迅译）、《艺术与社会生活》（雪峰译）、《艺术与文学》（雪峰译）；波格达诺夫（波格丹诺夫）的 1 种，即《新艺术论》（苏汶译）；列什涅夫的 1 种，即《文艺批评论》（沈端先译）；卢那卡尔斯基（卢那察尔斯基）的 3 种，即《艺术之社会的基础》（雪峰译）、《文艺与批评》（鲁迅译）、《霍善斯进因论》（鲁迅译）；梅林格的 1 种，即《文学评论》（雪峰译）；雅各武莱夫（雅可夫列夫，亚柯弗列夫）的 1 种，即《蒲力汗诺夫论》（林伯修译）；符拉迭弥尔·伊立支（列宁）、蒲力汗诺夫（普列汉诺夫）、萧理契（弗理契）合著的《艺术与革命》（冯乃超译）和《文艺政策》（鲁迅译）各 1 种。[①]

关于丛书最终列入的书目数量，根据《新文艺》等刊物发布的广告等资料统计，说法不一，或说增至 16 种[②]，或说增至 17 种[③]。最终出版数目，据施蛰存回忆，从 1929 年 5 月到次年 5 月，陆续印行了 5 种。[④] 另有 8 种[⑤]、9 种[⑥]、10 种[⑦]之说。其中，鲁迅共翻译 3 种，冯雪峰共翻译 4 种。可以说，丛书实际主要是由这两人翻译完成的。

———————————

① 《萌芽月刊》第一卷第一期，1930 年 1 月。

② 陈早春、万家骥：《冯雪峰评传》，人民文学出版社 2003 年版，第 62 页。

③ 马鸣：《译介"马克斯主义的 X 光线"：冯雪峰与"科学的艺术论丛书"》，《上海鲁迅研究·鲁迅与江南文化》2021 年 4 月号。

④ 施蛰存：《最后一个老朋友——冯雪峰》，《施蛰存全集》第 2 卷，华东师范大学出版社 2010 年版，第 310 页；施蛰存：《我们经营过的三个书店》，《施蛰存全集》第 2 卷，华东师范大学出版社 2010 年版，第 335 页。

⑤ 陈早春、万家骥：《冯雪峰评传》，人民文学出版社 2003 年版，第 62 页；邹振环：《20 世纪上海翻译出版与文化变迁》，广西教育出版社 2001 年版，第 167 页。

⑥ 芦田肇：《鲁迅、冯雪峰对马克思主义文艺理论的接受（一）——水沫版、光华版〈科学的艺术论丛书〉版本、材源考》，张欣译，《中国现代文学研究丛刊》1993 年第 2 期。

⑦ 马鸣：《译介"马克斯主义的 X 光线"：冯雪峰与"科学的艺术论丛书"》，《上海鲁迅研究·鲁迅与江南文化》2021 年 4 月号。

冯雪峰翻译的 4 种分别为:《艺术之社会的基础》(卢那卡尔斯基著,1929 年 5 月由水沫书店出版),《艺术与社会生活》(蒲力汗诺夫著,1929 年 8 月由水沫书店出版),《文学评论》(梅林格著,1929 年 9 月由水沫书店出版),《社会的作家论》(伏洛夫斯基著,1930 年 3 月由光华书局出版)。

至于"科学的艺术论丛书"的底本,据日本学者芦田肇的考证,除了《新艺术论》与《唯物史观的文学论》两种,丛书书目的拟定主要以日本的两套文艺理论丛书——"马克思主义艺术理论丛书"和"马克思主义文艺理论丛书"为框架。① 两套丛书通过内山书店的中转,进入上海。在沪避难期间,冯雪峰就经常光顾内山书店。在发起"科学的艺术论丛书"时,他到内山书店搜集日文底本,并成功地得到了这些日译苏俄文艺理论。②

丛书中有 7 种由水沫书店出版,而后有 2 种由光华书局出版。书店的选择与冯雪峰有关。水沫书店由刘呐鸥投资。如前所述,在"文学工场"期间,冯雪峰十分支持该书店的经营,曾将自己的论文《革命与智识阶级》、中篇小说《我们的一团与他》(石川啄木著)、俄国诗选《流冰》交由水沫出版。出于对该书店的信任与支持,他将"科学的艺术论丛书"同样交由水沫负责。在沪避难之时,冯雪峰与当时上海另外一家关注无产阶级文艺的新书店光华书局合作颇多,尤其与书局经营者沈松泉交往甚密。在看到"科学的艺术论丛书"出版后,光华也向鲁迅和冯雪峰组

---

① 芦田肇:《鲁迅、冯雪峰对马克思主义文艺理论的接受(一)——水沫版、光华版〈科学的艺术论丛书〉版本、材源考》,张欣译,《中国现代文学研究丛刊》1993 年第 2 期。

② 马鸣:《译介"马克斯主义的 X 光线":冯雪峰与"科学的艺术论丛书"》,《上海鲁迅研究·鲁迅与江南文化》2021 年 4 月号。

稿。从《萌芽月刊》1930 年第一卷第一期上的广告可以看出，光华得到鲁迅译的蒲力汗诺夫的《艺术论》和画室（冯雪峰）译的伏洛夫斯基的《社会的作家论》两册译稿，并计划出版一套"文学理论丛书"。但丛书的译介计划并未实现，两册译作最终还是作为"科学的艺术论丛书"分册出版。这就是丛书有两册由光华出版的原因。

"科学的艺术论丛书"的编校与设计，十分讲究。据施蛰存回忆，丛书"排印美观，校对精审，差不多都是译者自己校的。封面采用了日本出版的一套同类丛书的图案，请钱君匋设计绘制，陈列在书架上，特别显目。五种书发行出去，各地反应极好"。鲁迅译的《文艺与批评》书卷前要印一帧彩色版的卢那卡尔斯基像，历经三次制版，鲁迅才满意。施蛰存认为，这是当年上海能做出来的最好的三色版。①

译编"科学的艺术论丛书"，可以说是冯雪峰与鲁迅合作的典范工作。冯雪峰第一次去见鲁迅时谈话的中心议题，就是翻译和编辑这套丛书。关于这一点，他在回忆中说得很明确："我去见他的主要目的，是我那时候正在从日本文译本转译马克思主义的文艺理论作品，碰到的疑难，没有地方可以求教，知道鲁迅先生也在从事马克思主义文艺理论的翻译工作，所根据的也是日本文译本，所以我去见他，是想请他指教，并且同他商量编一个马克思主义文艺理论的翻译丛书。"②冯雪峰在翻译上能够得到鲁迅的支持，与两人对翻译所产生

---

① 施蛰存：《关于鲁迅的一些回忆》，《施蛰存全集》第 2 卷，华东师范大学出版社 2010 年版，第 268 页。

② 冯雪峰：《回忆鲁迅（1952 年）》，《冯雪峰全集（四）》，人民文学出版社 2016 年版，第 229 页。

的社会影响的理解的相通大有关系。冯雪峰曾回忆，五卅运动后，由于大革命的激荡，无产阶级的革命理论和历史的唯物论，成为新思想主潮。1928 年至 1936 年间，进入左翼的无产阶级革命文学运动的时期。"这时期把在这以前在青年和先进的工农群众中激荡着的，对于革命理论，对于生活和现实社会及历史的理解等等的思想问题和要求，正式作为主要的课题提到文化和文艺运动的日程上来了。"① 时代提出了翻译出版的要求。而对鲁迅来说，还有一个原因是他当时的处境。20 世纪 20 年代末，鲁迅与创造社、太阳社发生论争。他在《三闲集·序言》里说："我有一件事要感谢创造社的，是他们'挤'我看了几种科学底文艺论，明白了先前的文学史家们说了一大堆，还是纠缠不清的疑问。并且因此译了一本蒲力汗诺夫的《艺术论》，以救正我——还因我而及于别人——的只信进化论的偏颇。"② 在丛书的编辑出版过程中，冯雪峰配合鲁迅做了大量的服务性工作，深得其欣赏。1930 年 6 月，丛书第 13 种、鲁迅的译著《文艺政策》由水沫书店出版。鲁迅在后记中说："较之初稿，自信是更少缺点了。第一，雪峰当编定时，曾给我对比原译，订正了几个错误；第二，他又将所译冈泽秀虎的《以理论为中心的俄国无产阶级文学发达史》附在卷末，并将有些字面改从我的译例，使总览之后，于这《文艺政策》的来源去脉，更得分明。这两点，至少是值得特行声叙的。"③ 鲁迅曾多次对冯雪峰表达类似的感谢。

---

① 冯雪峰：《论民主革命的文艺运动》，《冯雪峰全集（四）》，人民文学出版社 2016 年版，第 6 页。

② 《鲁迅全集》第四卷，人民文学出版社 2005 年版，第 6 页。

③ 鲁迅：《〈文艺政策〉后记》，《鲁迅全集》第十卷，人民文学出版社 2005 年版，第 342 页。

"科学的艺术论丛书"是继陈望道编辑的"文艺理论小丛书"、"艺术理论丛书"以后，又一套介绍马克思主义文艺理论的大型丛书。丛书首次在中国系统地介绍了普列汉诺夫、卢那察尔斯基、波格达诺夫等马克思主义文艺理论家的著述，以及当时苏联共产党的文艺政策，因此被视为中国现代文学史上引进、传播马克思主义文艺理论三件值得注意的事件之一。① 在丛书的发起过程中，冯雪峰承担了拟定书目、邀请译者、联系出版和搜集底本等任务，是丛书生产的灵魂人物。② 冯雪峰当时的理论兴趣与时代思想风气、现实环境相激荡，加上鲁迅的指导，使得丛书的翻译出版获得成功，有力地扩大了左翼文艺阵营的影响。总体来看，"'科学的艺术论丛书'的编辑出版是冯雪峰个人编辑生涯中从发轫期向发展期转折的重要事件，在这部丛书的编辑中，自由编辑的意志依然占据主导因素，而这种因素同时又与其对于革命事业的追求相结合，从客观层面而言，丛书的出版对宣传马克思主义理论，扩大苏联文学在中国的影响有着极为重要的作用"③。

除了"科学的艺术论丛书"，冯雪峰还翻译出版了"文艺理论丛书"和"新俄文艺论述"丛书。"文艺理论丛书"中冯雪峰据藏原惟人、杉本良吉的日文译本转译的匈牙利理论家玛察所著《现代欧洲的艺术》和冯雪峰据藏原惟人的日文译本转译的马克思主义艺术学者 V. 弗理契（弗理契）所著《艺术社会学底任务及问题》，分别于 1930 年 6 月和 8 月由大江书铺出版单行本。北新书局刊行的"新俄文艺论述"丛

---

① 王锦厚：《郭沫若与"文艺理论丛书"》，《郭沫若学刊》2003 年第 1 期。
② 马鸣：《译介"马克斯主义的 X 光线"：冯雪峰与"科学的艺术论丛书"》，《上海鲁迅研究·鲁迅与江南文化》2021 年 4 月号。
③ 钟媛：《略论五四"文人编辑"的"体制化"转型——以冯雪峰的编辑历程梳考为个案》，《贺州学院学报》2017 年第 3 期。

书，包括冯雪峰翻译的日本著名俄国文学研究者昇曙梦编著的《新俄文学的曙光期》、《新俄罗斯的无产阶级文学》、《新俄的演剧运动与跳舞》，分别于 1927 年 2 月、3 月与 5 月出版。

（二）《论新兴文学》（《党的组织和党的文学》）的重译与调整

冯雪峰的译作中，不少单篇文章的思想对中国出版业影响深远，也从一个侧面反映出冯雪峰独特的关注点。其中，最为突出的是《论新兴文学》（《党的组织和党的文学》）一文。

1929 年 2 月 10 日，冯雪峰根据日本冈泽秀虎的日文译本转译了列宁的《论新兴文学》，刊于《拓荒者》第 1 卷第 2 期（署名成文英）。在译文前，译者注明"纪念著者"，以示对列宁的尊敬和怀念。这是列宁的《党的组织和党的文学》的第二个译本。第一个译本，由一声翻译，刊于《中国青年》第 6 卷第 19 号（1926 年 12 月），名为《论党的出版物和文学》。1930 年 10 月，该文被陈望道（笔名陈雪帆）改题为《伊理基论文学》，作为附录印入其翻译、大江书铺出版的《苏俄文学理论》一书。"伊理基"即列宁。该文的第三个译本，是由于"听说以前有人翻译过，在延安找不到"①，因此博古于 1942 年 5 月 12 日赶译、5 月 14 日发表于《解放日报》上的，题为《党的组织和党的文学》。列宁的《党的组织和党的文学》，是对毛泽东《在延安文艺座谈会上的讲话》中提出的党性原则具有基础性、全局性影响的文本。有学者认为，毛泽东首次接触列宁这篇

---

① 黎辛：《博古与〈党的组织与党的文学〉的翻译》，《文艺理论与批评》1998 年第 1 期。

文章可能是通过博古的译文；而长期活跃在思想文化战线的胡乔木，接触这篇文章则可能是通过冯雪峰的译本。因此，"这样看来，冯雪峰不仅对于《讲话》形成之后的传播和阐释做过贡献，而且在此之前，已经对于《讲话》的理论资源引进、《讲话》的文本本身（尤其是正式发表的整理稿）的形成做过贡献"①。

1932 年，冯雪峰重译该文，刊于中国左翼文化总同盟主办的综合杂志《世界文化》第二期（1933 年 1 月，署名丹仁译），列在其所译列宁的一组文章之内，总题名为《文化的建设之路》。据王中忱考证，之所以说这篇是重译而非此前译本的新印，是因为从文末所附尾注可知，该篇的原文文本来自 S. 特莱甸编选的俄文版《列宁与艺术》。而该书曾由藏原惟人等合译成日文，于 1930 年 6 月由东京丛文阁发行，其中《文化的建设之路》一组三篇，皆为藏原翻译，内容与冯译相同，当为其依据的底本。其中，藏原删去部分文字："文学的工作是和机械的平均平等化及多数决最少关系的东西。不用说，在这工作上，对于个人的思考，个人的倾向，对于思想及幻想，形式及内容，是绝对地必须保证着大大的自由的。这是大家皆无异议的事，然而这些一切只不过证明了一点：即在党之工作之中，文学的分野不可和别的分野一律地同视。这些一切决没有推翻掉'文学的工作应该和党底工作底别的分野密切底相联结'的，这在资产阶级德谟克拉西看来是奇怪的无缘的原则。"冯雪峰却特意从旧译中移用、保留了这段文字。20 世纪前半期的无产阶级文学运动，是一个世界性的潮流。其理论论述和词语概念，以书刊等印刷媒体为中介，伴随着运动的扩散而在

---

① 张慧强：《冯雪峰与中国当代文学》，东方出版中心 2020 年版，第 60 页。

不同国家、不同语言之间移动，可谓一种常态。在"左联"筹组时期，冯雪峰通过冈泽秀虎的日文译本翻译了列宁的《党的组织和党的文学》，为中国左翼文学家的组织化提供了指导理论。而在和"自由人"、"第三种人"进行理论论辩时，冯雪峰又以藏原惟人的译本为底本重译列宁此文，并依据自己的旧译补充了藏原译本的删节部分。冯译利用有限资源以"集纳"方式追求列宁文本的完整性，表达了中国左翼理论家对列宁的文学党性原则的理解和思考。在"左联"成立将近三年，经历了血的洗礼和多次激烈的理论论辩之后，冯雪峰特别珍视、保留列宁的这段论述，显然不仅是出自译者对原作的忠实，更意味着在他看来，辩证地处理党的工作与文学家的自由创造之关系，是无产阶级文学党性原则的精要之所在。① 冯雪峰在重译该文时首次使用"党的文学"的说法，在译文最后附录俄文版《列宁与艺术》编选者 S. 特莱甸的注释以介绍文章有关背景，将列宁的论述归纳为《文化的建设之路》这个总标题……注意到这些编译处理方法的丁言模认为，在有着"左"倾言行的"拉普"被解散后，冯雪峰以其敏锐的政治意识认识到，有必要重提列宁《组织与文学》的话题，以起到警示、教育作用；而修改、增补译文等，进一步凸显了主旨，而且弥补了原译文缺少开头、结尾的缺憾。总之，冯雪峰把列宁此文作为一种"指示"，把文学作为党的整个事业的一个有机组成部分，由此否定了自由主义的文学理念。这一文章与张闻天《关于文艺上的关门主义》批评"左"倾言行相应，编在同一期刊物上形成了一个"整体"，体现了冯雪峰的良

---

① 王中忱：《无产阶级文学运动的组织化与理论批评的跨国再生产——以冯雪峰翻译列宁文论为线索》，《文学评论》2021 年第 3 期。

苦用心。①

列宁关于文学党性原则的论述，对包括出版在内的文艺的思想认识与管理影响深远；其文学应"献奉给一国之精华，形成这国底力与未来的那几百万，几千万的勤劳大众"的思想，则成为文艺大众化讨论的指导理论来源。《在延安文艺座谈会上的讲话》中，毛泽东两次提到列宁的观点，强调出版事业是无产阶级革命事业的一部分，是整个革命机器的"齿轮和螺丝钉"，"文艺要为千千万万劳动人民服务"。《党的组织和党的文学》一文，形成了特殊的历史影响。1982 年，该文以《党的组织和党的出版物》新译文在《红旗》第 22 期发表，同时配发刊登由中共中央编译局列宁斯大林著作编译室所写《〈党的组织和党的出版物〉的中译文为什么需要修改?》一文。译文的修改，反映出文艺政策细微的变化。②

（三）通过翻译为中国出版事业提供借鉴

在 20 世纪 20 年代的无产阶级左翼思潮中，苏联成为追随与镜鉴的对象。在前述"科学的艺术论丛书"中，除了马克思主义文艺理论家的著作，苏联共产党的文艺政策也受到了鲁迅、冯雪峰的关注，鲁迅因之翻译出版了《文艺政策》一书。在冯雪峰的译作散篇中，也有不少涉及对苏联出版事业发展状况的介绍。《苏联国立出版协会的十年》一文据日文转译，发表于《萌芽月刊》第一卷第三期"三月纪念号"

---

① 丁言模：《鲁迅"远离"的左联文化刊物〈世界文化〉》，《穿越岁月的文化刊物和作家（四）》，中国社会出版社 2019 年版，第 177—186 页。

② 刘莹：《〈党的组织和党的文学〉的版本与改译》，《扬子江评论》2013 年第 4 期。

（1930年3月1日）的《国外文化事业研究》栏，署名洛扬译。该文介绍了苏联国立出版协会各种图书的出版情况。文章对其出版成就作出高度评价，认为"突破了收集新的作家，以及再批判过去的文化的传统这难关以后，这才创造了连过去的资本主义时代也不能梦想的那完全新式的书物了"①。

冯雪峰翻译的《苏联文化建设底五年计划》一文，从日本刊物《法律春秋》上森谷克己所记文字转译，发表于《萌芽月刊》第一卷第五期（1930年5月1日）《国外文化事业研究》栏，署名成文英译。译文介绍苏联进入"五年计划"第二年文化建设的成就，其中以数量对比的方式，提到小图书馆、图书馆、移动文库以及报纸、书籍、大众读物发行量的大幅增加。②

冯雪峰翻译的冈泽秀虎所著《以理论为中心的俄国无产阶级文学发达史》一文，发表于《文艺讲座》第一册（神州国光社1930年4月10日出版），后作为附录收入鲁迅翻译的《文艺政策》（"科学的艺术论丛书"之十三）。文章介绍了俄国十月革命后的文学发展。其中特别提到，1921年起开始实施的新经济政策，是苏俄社会生活上的一大转换，使文坛发生大变化。因为"新经济政策把苏俄的社会从物质的穷乏里救出了。那结果苏俄底文坛能够开始定期刊行和革命前同样的大册的杂志。……大杂志底诞生为机缘，革命后一时沉滞了的俄国文学便重新进了发展底时期"③。译文中重点提到国立出版所发行的《印刷与革命》、《赤色处女地》两大杂志。同期《文艺讲座》杂志还

---

① 《冯雪峰全集（十二）》，人民文学出版社2016年版，第257—258页。
② 《冯雪峰全集（十二）》，人民文学出版社2016年版，第288—289页。
③ 《冯雪峰全集（十二）》，人民文学出版社2016年版，第262页。

发表了冯雪峰翻译的 M.戈理基所作《劳动阶级应当养成文化的工作者》一文。文章提出在工业化、农业化建设过程中，要从劳动阶级中培养文化工作者。其中特别提到编辑的作用。① 文章所论，对于左翼文艺领导者从文化战略的高度思考党如何培养自己的文化工作者、保障无产阶级文化领导权，不无启示。

冯雪峰还翻译了阿尔弗列特·克莱拉所作《论"同路人"与工人通信员》一文，发表于《文学月报》第一卷五、六号合刊（1932年12月），署名何丹仁译。译文中对革命的新闻报纸如何培养通讯员、建设通讯员网络这一问题提出自己的看法。② 在1931年11月冯雪峰起草、"左联"通过的《中国无产阶级革命文学的新任务——一九三一年十一月中国左翼作家联盟执行委员会的决议》中，明确规定了无产阶级作家必须要完成的六大任务，第四项即"组织工农兵通信员运动、壁报运动及其他工人农民的文化组织，并由此促成无产阶级作家及指导者之产生，扩大无产阶级革命文学在工农大众中的影响"。后来，在50年代冯雪峰主持《文艺报》期间，我们可以看到他对于文艺通讯员队伍建设的重视。

长期从事文学翻译出版活动的译林出版社社长李景瑞，较早地把"翻译出版"作为一个整体的学术概念提出来。他认为："从传播学的角度来看，翻译出版是文字翻译成果的延续和传播；是一种文字转换成另一种或多种文字之后，在传播面上的进一步扩散。可见，翻译与出版两者关系是十分密切的。"③邹振环则认为，翻译出版是从出

---

① 《冯雪峰全集（十二）》，人民文学出版社2016年版，第272—279页。
② 《冯雪峰全集（十二）》，人民文学出版社2016年版，第343—353页。
③ 李景瑞：《翻译出版学初探》，《出版工作》1988年第6期。

版的角度来研究翻译活动，分析译者如何选择译作，出版者如何编辑加工及投入流通领域，读者如何选择接受和评价反应。① 从 1926 年在北京自学日语，开始从日文翻译或转译文艺理论著作和文学作品，到 1933 年底离开上海去苏区，冯雪峰共翻译了 13 种介绍马克思主义文艺理论和苏俄革命文艺的著作、30 多篇单篇文章，总计 70 余万字，成为我国最早系统地翻译马克思主义文艺理论的翻译家之一，对马克思主义文艺理论在中国的传播贡献甚巨。在翻译出版的过程中，冯雪峰慢慢成为成熟的左翼理论家，积累了丰富的左翼文艺运动经验。就出版活动而言，这些论著的翻译过程，推动冯雪峰深度地参与翻译出版工作；同时，这些译作，也成为他理解、践行左翼出版事业的重要理论资源。

总体来看，冯雪峰在上海的翻译出版工作，表现出鲜明的特点：

其一，冯雪峰的翻译出版，体现出明显的斗争性与自觉的革命性追求。"左联"成立后，形成《关于左联目前具体工作决议》，强调"左联应当'向着群众'，应当努力地实行转变——实行'文艺大众化'这目前最紧要的任务"。与此同时，"左联"决定设立马克思主义文艺理论研究会等机构，并以"中国无产阶级作品及理论的发展之检讨"、"外国马克思主义文艺理论的研究"等课题为其主要工作内容。从左翼文艺运动实践来看，当时在上海发起的无产阶级革命论战、文艺大众化的讨论、民族主义文学运动论战、"两个口号"的论战等思想论战，都需要从外国文艺理论中寻找有力的理论武器。冯雪峰在翻译伏洛夫斯基的《社会的作家论》"题引"中表示："在我们中国，对于现

---

① 邹振环：《20 世纪上海翻译出版与文化变迁》，广西教育出版社 2001 年版，"绪论"第 6 页。

存的文学作家，也有人试以猛烈的批评——但有谁真正用过马克斯主义的批评方法吗？那种学者的可厌的态度当然是可以抛弃的，但最要紧的是在用'马克斯主义的 X 光线'——像本书著者所用的——去照澈现存文学的一切；经了这种透视，才能使批评不成为谩骂，却是峻烈的批评。"① 冯雪峰翻译出版的重心在于苏俄无产阶级文艺理论，主要就是基于对其思想时代性、先进性的认可。苏联国家领导人列宁和斯大林的文艺理论，如文学的党性原则、文学的阶级性和党的绝对领导等理论，对中国文艺影响深远。"第一个系统地介绍苏俄文艺的人，非冯雪峰莫属。"② 实际上，"在中国现代文学史上，从事马克思主义文艺理论的译介工作，雪峰虽然不是第一个，但他是第一个有意识着眼于无产阶级理论建设的人"③。

其二，冯雪峰的翻译出版，多是转译。如"科学的艺术论丛书"，除了戴望舒译的《唯物史观的文学论》等以法文本为底本外，其余全部或至少部分章节译自日文本。冯雪峰的译介活动，总体上经历了从苏俄和日本的左翼文艺理论回归马克思主义经典文论的过程。这种"转译"，是由苏俄无产阶级文艺理论在日本传播更早这一事实决定的。但这种"转译"及其导致的误差，也决定了他在走向马克思主义理论探索之路上不可避免地充满坎坷和曲折。

其三，冯雪峰的翻译出版，表现出自觉通过丛书与汇编的方式，将马克思主义文论翻译出版系统化和全面化的特点。"科学的艺术论

---

① 《冯雪峰全集（十一）》，人民文学出版社 2016 年版，第 132 页。

② 吴述桥：《冯雪峰：马克思主义文论翻译的佼佼者》，《中国社会科学报》2022 年 2 月 8 日。

③ 陈早春：《在鲁迅旗帜下——雪峰现实主义理论初探》。转引自吴述桥：《冯雪峰：马克思主义文论翻译的佼佼者》，《中国社会科学报》2022 年 2 月 8 日。

丛书"等即是这种实践的代表。这种丛书性质的翻译出版，无疑更具有传播的集群效应。"冯雪峰所译介的无产阶级文艺理论著作，无论从时间上、数量上还是内容上看，都具有其持续性、计划性、系统性的特点。而作为译者，他应该称得上是较早的、专心致志的、走现实主义创作道路和走文学大众化道路的忠诚的译介者，而且是佼佼者之一。"①

其四，冯雪峰的翻译出版，存在着正误交融的现象。由于一味强调学习苏俄或者从译介者个人的观念出发，存在一定程度的误读，影响了对真正的马克思主义文论的认识和掌握。比如无法对真正的马克思主义与庸俗社会学进行严格鉴别，因此波格丹诺夫的《新艺术论》、弗理契的《艺术社会学》以及体现苏联文艺政策与反映苏联文坛状况的一些文献等，都被当作马克思主义文论翻译出版。

其五，冯雪峰的翻译出版，在当时的广大读者中引起强烈反响，也因此遭遇到国民党出版审查制度的残酷禁压。丁玲曾回忆，那个时候的胡也频，因为比较用功地读了鲁迅、冯雪峰翻译的进步的文论丛书，开始发生左倾转变。"他读这些理论书，一天天地往左走。我们去到济南以后，胡也频就成了一个红色的教员了。"②另一方面，冯雪峰翻译出版的书目，不断受到国民党的查禁。"科学的艺术论丛书"中，有5种未能按计划出版。日本学者芦田肇分析认为，最大原因大概是国民党政府的查禁。③据施蛰存回忆，丛书发行出去后，各地反

---

① 方馨未：《冯雪峰编辑〈萌芽月刊〉、〈十字街头〉及与鲁迅和瞿秋白的关系——李浩先生的某些论述与史实不符》，《上海鲁迅研究》2014年第4期。
② 丁玲：《我与雪峰的交往》，《丁玲全集(6)》，河北人民出版社2001年版，第269页。
③ 芦田肇：《鲁迅、冯雪峰对马克思主义文艺理论的接受（一）——水沫版、光华版〈科学的艺术论丛书〉版本、材源考》，张欣译，《中国现代文学研究丛刊》1993年第2期。

应极好。但是，除了几个文化水平较高的大城市以外，许多内地城市的书店，不敢大量批购这些书，只是在批购别的出版物时，顺便带几本去隐蔽地试销。①1931 年 8 月由国民党中央宣传委员会编审科编制的秘密文件《中央查禁各种反动书籍杂志名册》，汇集了 1929—1931 年间被查禁的左翼文学书刊 40 种。其中，冯雪峰参与的刊物有《萌芽月刊》、《新地月刊》、《文学导报》、《巴尔底山》、《文艺新闻》等，另有其翻译的《社会的作家论》（伏洛夫斯基）等。②1934 年 2 月 19 日，国民党上海市党部奉命查禁上海出版的社会科学和文艺书籍 149 种，涉及书店 25 家、作家 28 人。国民党中央宣传委员会随后向上海市党部发出查禁反动书刊的密令称："上海各书局出版共产党及左倾作家之文艺作品，为数仍多。兹经调查，其内容鼓吹阶级斗争者，计一百四十九种。……即希严行查禁，并勒令缴毁各刊物底版，以绝根据。"其中包括冯雪峰的译著《我们的一团与他》、《现代欧洲的艺术》、《艺术社会学底任务及问题》、《文学评论》、《流冰》、《艺术之社会的基础》、《艺术与社会生活》、《新俄的演剧运动与跳舞》、《枳花集》等。也正因此，在翻译出版实践中，冯雪峰十分注重斗争策略。1929 年 6 月，冯雪峰翻译的《科学的社会主义之梗概》，由泰东书局出版。事实上，这本列宁的小册子，照原样应写作《卡尔·马克思》（《马克思底略传及马克思主义底梗概》）。为避开国民党的书刊检查，冯雪峰把书名改为现名。这是该书最早的中文译本。1930 年，冯雪峰围绕论出版自由与检查这一中心，从田畑三四郎日译本中重译马克思遗著，

---

① 施蛰存：《我们经营过三个书店》，《施蛰存全集》第 2 卷，华东师范大学出版社 2010 年版，第 335 页。

② 姚辛：《左联史》，光明日报出版社 2006 年版，第 87—88 页。

"来参加中国无产阶级对于他的热烈的纪念"（5月5日为马克思的诞辰）。译文以《马克思论出版底自由与检阅》为题，发表于《萌芽月刊》第一卷第五期（1930年5月1日）的《五月各节纪念特载》栏目，署名洛扬译。译文节译了马克思的名文《第六回莱茵州会的议事》（今译《第六届莱茵省议会的辩论》）和《论关于出版检阅的普鲁士底最新训令》（今译《评普鲁士最近的书报检查令》）中关于出版自由与出版检查的著名的论断，以此向当时国民党禁压进步书刊、摧残左翼文化的做法表达抗议。

三、编辑出版进步文艺刊物

作为左翼文艺运动的重要组织者与领导者，与翻译出版同步，冯雪峰在20世纪30年代另一重要的编辑出版实践方式，是参与创办、编辑大量进步文艺刊物以传播左翼文化思想。

（一）《萌芽月刊》与《新地月刊》

1930年1月，《萌芽月刊》正式创刊，由光华书局发行，编辑署名萌芽社。

《萌芽月刊》由冯雪峰、柔石协助鲁迅主编。创刊号的封面由鲁迅亲自设计。杂志刊出冯雪峰撰写的启事，其中说明刊物为"刊载现今文艺作品及评论之定期刊物，月出一期，每年二卷(六期为一卷)"，收登小说、诗歌、随笔、地方写实、文艺或社会评论等稿件，"但对于文艺或社会取了轻浮的态度，或故意歪曲的稿件，以及只攻击个人而并无社会意义的文字，概不收登"。① 同期冯雪峰发表《编者附记》，除了介绍当期重点稿件，特别强调杂志的用稿倾向，说明月刊主要向翻译和绍介、创作、评论三方面努力。翻译方面，"想将新俄的几个优秀的作家，给以绍介。但同时，西欧诸国及小国度的作品，也想择其倾向比较正确的，绍介一些。论文则专限于关于'科学的'艺术论的论著，和论述各国新兴文艺的文章，及社会的文艺批评等，加以绍介"。创作方面，选稿的标准"是比较宽大的，在形式方面，我们不嫌平常和幼稚，在思想——即作品的内容方面，我们容许作者底世界观或人生观及意识底比较的不正确或比较的不纯粹。只要是成为一篇文章，而在思想上，不是开倒车的，或像一条缚足的绳（例如颓唐的，绝望的东西）似的东西，《萌芽》是一概要登载的"。评论方面，"除出文坛现象有时要加以批评以外，对于一般的社会现象，也要加以批评。但在这里的限制，是更大的"。② 由此不难看出杂志用稿标准"比较宽大"、"杂"、不求"纯粹"、"不嫌平常和幼稚"、"容许作者底世界观或人生观及意识底比较的不正确或比较的不纯粹"，相对兼容；但另一方面，又以"新俄"、"西欧诸国及小国度"的优秀作品以及"倾向比较正确"、"不是开倒车的""新兴文艺"和进步文艺为追求。

《萌芽月刊》一共编辑出版了 5 期，杂志风格有一个明显的由文艺色彩转向政治色彩的过程。自第三期（1930 年 3 月 1 日）起，《萌

---

① 冯雪峰:《〈萌芽〉启事》,《冯雪峰全集（六）》,人民文学出版社 2016 年版,第 372 页。

② 冯雪峰:《〈萌芽〉启事》,《冯雪峰全集（六）》,人民文学出版社 2016 年版,第 373—374 页。

芽月刊》篇幅增加到 260 页左右，成为"左联"的机关刊物。杂志创刊时，以小说、诗歌、随笔、地方写实、文艺或社会评论等为内容，小说的比重较大，是典型的文学月刊。但从第三期起，风格与性质发生明显变化，由原定的"刊载现今文艺作品及评论之定期刊物"，转变为目录上首行明确标示的"文艺·文化·社会"的综合性刊物，重心转移到社会事件记载和社会现象评论上来。第三期为纪念马克思、恩格斯和巴黎公社的"三月纪念号"，"论文"取代文艺作品排在前面，刊出《在马克思葬式上的演说》（恩格斯）、《巴黎公社论》（特拉克廷巴格）、《巴黎公社的艺术政策》（莆理契）三篇政治色彩鲜明的文章，最后一篇为冯雪峰译。冯雪峰在《编辑后记》中说明"纪念"的缘由，是因为三月不仅是春天的开始，"还充满了人类争光明争自由的历史上的伟大纪念日……需要我们的记忆"。他还提醒读者注意同期刊出的柔石的小说《为奴隶的母亲》作为农村社会研究资料的大的社会意义，并请读者多投涉及经济等的社会调查记录方面的稿件。①在《本刊扩充篇幅及确定今后内容启事》中，冯雪峰特意说明，标明篇幅与内容"与以前计划略有更易"。与之相应，《本刊征稿启事》中除了常规的文学、文艺与评论稿，还征集"国内各地通信，即各地经济状况调查，劳动状况记载，为政治之一反映的社会事件记载，教育事业等的调查，风俗习惯底调查及研究，歌谣传说等的采录及研究，等等"。②杂志第五期增加了《五月各节纪念特载》专栏，刊发李守

---

① 冯雪峰：《编辑后记并前期更正（〈萌芽月刊〉第一卷第三期）》，《冯雪峰全集（六）》，人民文学出版社 2016 年版，第 379—380 页。

② 冯雪峰：《〈萌芽月刊〉第一卷第三期启示》，《冯雪峰全集（六）》，人民文学出版社 2016 年版，第 381 页。"启示"为全集编者所加，应作"启事"。

常的《"五一"运动史》、莫灵的《一九三〇年的"五一"》等文章。冯雪峰亲自主持的《左翼作家消息》栏目，刊出《"五一纪念种种"》、《国际文化研究会第一次研究题目》、《马克思主义文艺理论研究会》、《将派代表参加苏区代表大会》四则消息。文学的比重，相对淡化。在《编辑后记》中，冯雪峰还详细介绍了出版《五月各节纪念号》的意义与做法。[①] 与此同时，刊物的插图也呈现出变化：创刊伊始，多配发高尔基、法捷耶夫、契诃夫、革拉特珂夫（革拉特科夫）等与正文中俄苏文学作家自传、论文、译文相关的照片、漫画等；从第四期起，有了《贫农委员会会议》、《红军会议》、《莫斯科郊外的少女们》、《起来，万国劳动者》等图片。

作为"左联"的机关刊物，《萌芽月刊》刊载有大量"左联"和其他左翼团体的消息，对"左联"工作起到了重要的指导作用。茅盾、鲁迅在向外国读者介绍《萌芽》时说，"执笔者大都是新成立的左翼作家联盟的重要干部。这个杂志对于马克思主义文艺理论以及外国普罗文学名著的介绍是尽过力的"[②]。读者通过《萌芽月刊》，进一步了解了左翼文艺运动的基本纲领和行动。

《萌芽月刊》注重报道国内外文坛、文化界消息。冯雪峰亲自撰写《国内外文坛消息》、《文艺界消息》、《左联作家联盟消息》，介绍相关消息；撰写《启事》、《编者附记》、《编辑后记》、《编辑室杂函》，介绍杂志总体情况，表达约稿意向，回复有关读者。陈早春与万家骥

---

① 冯雪峰：《编辑后记（〈萌芽月刊〉第一卷第五期）》，《冯雪峰全集（六）》，人民文学出版社 2016 年版，第 393 页。

② 茅盾、鲁迅：《中国左翼文艺定期刊编目》，载陈江辑注：《中国出版史料（现代部分）第一卷（下册）》，山东教育出版社 2001 年版，第 344 页。

说："冯雪峰编辑这个刊物，是付出了巨大劳动的。他不仅是它的编者，也是它的作者和译者，往往在来稿不够的情况下，就自己动手或著或译。每期都有《编后记》，对所刊文章进行评价，并对一些读者较生疏的作者，作出介绍。"①

20 世纪 30 年代鲁迅、茅盾在编《草鞋脚（英译中国短篇小说集）》时，附有一份由他们两人署名的《中国左翼文艺定期刊编目》，其中说及《萌芽月刊》时，特别点明"这个刊物是冯雪峰主编"②。1968 年冯雪峰提及："《萌芽月刊》是在鲁迅的支持和指导之下在 29 年 12 月出版第一期的（刊物上印出的出版时间是 30 年 1 月，实际上是 29 年 12 月就已出版），当时在编辑上负较多责的是我，对外则说是鲁迅和我合编；姚蓬子也参与了这杂志的发起以及组稿和跟书店接洽等奔走工作，所以他也可以说是参与了编辑的。"③ 由此也可以看出冯雪峰对《萌芽月刊》"负较多责"的事实。

《萌芽月刊》出至第五期时，遭国民党当局禁止。第六期改名《新地月刊》，改署新地社编辑，25 开。因被当局查禁而改换另一刊名以争取面世，是"左联"时期进步期刊常见的"钻网术"之一。在《编辑后记》中，冯雪峰对刊物的命运表示愤怒而不失信心："在种种的困难之下，这一期到现在才能出来。但无论如何，本刊总能于艰苦之下出全第一卷了，我们在这中间，得到了许多工作上的教训，尤其增加了许多向前的勇气。在我们，已经从我们的工作中，生出我们所走的荆棘的路是

---

① 陈早春、万家骥：《冯雪峰评传》，人民文学出版社 2003 年版，第 92 页。
② 茅盾、鲁迅：《中国左翼文艺定期刊编目》，载陈江辑注：《中国出版史料（现代部分）第一卷（下册）》，山东教育出版社 2001 年版，第 344 页。
③ 冯雪峰：《我认识姚蓬子以及在解放前同他来往的经过》，《冯雪峰全集（八）》，人民文学出版社 2016 年版，第 361—362 页。

有伟大的前途的一种自信。第一是读者们底热烈的援助;第二是撰稿者诸君底艰苦不辞的精神。"①

刊物主要分为"论文"、"文艺作品"与"余载"三个板块。冯雪峰自己评价,第一期有很多缺点,主要就是没有具体的、充足的编辑计划,因此"在编辑上显出纷乱的形势";杂志没有分好工,选稿没有确定的范围,"妨害了杂志底任务上的个性的形成";编辑匆忙,常有疏忽和错误之处。冯雪峰特意说明,第一卷所登的创作,"并非纯粹的无产阶级文学的作品","只是趋向于它的东西":

> 但是,和我们的社会生活有许多的层一样,我们的文学是还有许多层的同时,理论与创作,文学与实际行动,又常常有着相当的距离。我们并非否认创作与理论应力求一致,只是在现实上,现在可以有立在最前头的正确的理论,而作品却总还是在追跑。②

从中可以看出,冯雪峰再次强调在从事无产阶级文学运动的过程中,要避免过度追求"纯粹",而要宽容地对待文学中的"许多层",只要作品有进步的倾向,就不必用严苛的理论将之划在"无产阶级文学"外面。这与《萌芽月刊》中《编者附记》所说一以贯之。冯雪峰还说明,第二卷要重新计划,要"决然地成为一个文化底综合杂志",内容包括"现代思潮底马克思主义的批判"、"关于现代中国文化及文艺的论评"、"马克思主义的文化及文艺的理论之介绍"、"世界及中

---

① 《冯雪峰全集(六)》,人民文学出版社 2016 年版,第 404 页。
② 《冯雪峰全集(六)》,人民文学出版社 2016 年版,第 404 页。

国的文化状况底调查，研究，批判"、"世界无产阶级文学名作底绍介"、"世界文化斗争情形底报告"等，并预告说第二卷第一期已经在编辑中。①可以看出，冯雪峰是将其作为连续出版物的方式来规划的。但《新地月刊》仅出一期，即被迫停刊。

与《萌芽月刊》在《编后记》中注重与读者互动的精神一脉相承，《新地月刊》设有《通信》栏目。如冯雪峰在1930年6月1日《通信》栏复信陈正道，表明编辑与陈正道在理解溅波先生的诗方面，见解有所不同；还回复王实味关于苏联的托洛茨基派和中国的取消派等问题。②并以《编辑室杂函》的方式简介中国左翼作家联盟、简介新书。③另外，还为编校错误向读者致歉。杂志以多种形式与读者互动。

（二）《前哨》与《文学导报》

《前哨》编辑委员会成员有鲁迅、茅盾、夏衍、阿英、冯雪峰。④1931年4月25日创刊，创刊号为"纪念战死者专号"，以纪念"左联"五烈士。

1931年2月7日晚，"左联"五烈士李伟森、柔石、胡也频、冯铿、殷夫被秘密枪杀，但国民党严密封锁消息，不准任何报纸披露。1931年2月刚接替冯乃超担任"左联"党团书记的冯雪峰，向鲁迅

---

① 《冯雪峰全集（六）》，人民文学出版社2016年版，第404—405页。
② 冯雪峰：《答王实味先生》，《冯雪峰全集（六）》，人民文学出版社2016年版，第402页。
③ 《冯雪峰全集（六）》，人民文学出版社2016年版，第403页。
④ 冯雪峰：《关于"文委"、"文总"及"左联"等组织的参考材料》，《冯雪峰全集（八）》，人民文学出版社2016年版，第116页。

提出了出版秘密刊物纪念柔石等烈士的意见，鲁迅当即表示同意。"左联"还通过决议，在纪念"左联"五烈士时，同时纪念 1930 年 10 月在南京雨花台被杀害的中国左翼戏剧家联盟成员、演员宗晖。鲁迅不仅提出将这期专号命名为"前哨"，而且提笔书写了刊头。为了揭露国民党屠杀左翼作家的罪行、争取国际声援，"左联"在刊物上发表两份宣言：《中国左翼作家联盟为国民党屠杀大批革命作家宣言》《为国民党屠杀同志致各国革命文学和文化团体及一切为人类进步而工作的著作家思想家书》。当时，"左联"收到无产阶级革命作家国际协会主席团和美国左翼刊物《新群众》社的来信，鲁迅与冯雪峰决定把它们编入专号。

专号设置了《被难同志传略》和《被难同志的遗著》两个栏目，同时刊登了被害左翼作家的传略和遗作。其中柔石、胡也频、冯铿、殷夫的传略分别由鲁迅、丁玲、许美勋和钱杏邨撰写。许美勋以"梅孙"之名，撰有杂文《血的教训——悼二月七日的我们的死者》。冯雪峰以"文英"为名发表《我们同志的死和走狗们的卑劣》。

在专号出版过程中，冯雪峰冒着生命危险组织稿件、撰写文章、印刷出版。在当时严峻的形势下，很难找到敢于承印的印刷厂。冯雪峰通过本家冯三昧介绍，联系到横浜桥附近的一家私人小印刷厂。"这个老板同意给我们印，但声明如果发生问题，他不负责，而且要说没有同他本人商量，是工人同意印的"①，同时要求不印报头、照片另印另贴。在冯雪峰同意这些要求并承诺一夜之内完成印刷并立即运走之后，老板答应承印。2 月 19 日，冯雪峰到印刷所和工人一起连夜排

---

① 《与冯雪峰的三次谈话记录》，《冯雪峰全集（九）》，人民文学出版社 2016 年版，第 374 页。

校、赶印杂志。20 日凌晨，他们把印出的《前哨》半成品一部分运回拉摩斯公寓的住处，另一部分则搬运到老靶子路谢旦如开设的公道书店三楼亭子间，将事先用冯三昧的私人小印刷机印好的柔石等人的照片一一粘贴上，将预先刻好的鲁迅所书"前哨"二字的印章盖在封面留好的刊名位置，装订成册。① 谢旦如也是"湖畔诗人"群体中的一员，他开设的公道书店，销售进步书刊，成为"左联"的秘密联络点。与冯雪峰一起参加印刷《前哨》的，还有应修人、楼适夷、江丰和孟通如等人。楼适夷后来回忆，因为是晚上印的，灯光条件不好，要求快速排校，校样改版不允许仔细进行，匆忙上机印刷，所以错误不少。② 1951 年，在纪念五烈士遇难二十周年时，冯雪峰曾撰文详细回忆当年进步的革命作家被国民党统治者杀害而无处抗议，同人被迫秘密创办刊物纪念同志的艰难情形，认为"不想出这些方法，就不能弄出刊物来纪念我们的战死者"③。

虽然为秘密发行，《前哨》却一下子销行了两三千份，影响广泛。又经史沫特莱、尾崎秀实等传到了国外，"左联"与国民党的斗争为国际广泛知晓。④《前哨》的出版，激起了一个国内外抗议的浪潮。为了纪念这一合作，1931 年 4 月 20 日，鲁迅携家属特邀冯雪峰一家同往阳春馆照相。相片洗出后，鲁迅在照片下端亲笔题写了一行小

---

① 冯烈、方馨未编：《冯雪峰年谱》，《冯雪峰全集（十二）》，人民文学出版社 2016 年版，第 385 页。

② 楼适夷：《记"左联"的两个刊物》，载中国社会科学院文学研究所《左联回忆录》编辑组编：《左联回忆录》，中国社会科学出版社 1982 年版，第 171—172 页。

③ 冯雪峰：《鲜血记录的历史第一页——柔石、胡也频、白莽、李伟森、冯铿等五同志殉难二十周年纪念》，《冯雪峰全集（四）》，人民文学出版社 2016 年版，第 134 页。

④ 茅盾："左联"前期》，《我走过的道路（上）》，人民文学出版社 1997 年版，第 455 页。

字："20，四月，1931，上海。"

仅出一期的《前哨》，完成了纪念"左联"五烈士的任务，同时为"左联"阵营的扩大起了重要作用。1931 年 5 月初，冯雪峰去给茅盾送刚出版的《前哨》刊物，在茅盾家中，意外遇到了在上海养病的瞿秋白。瞿秋白认真看罢"纪念战死者专号"，几天后向冯雪峰表示"想借此休养的机会，翻译一些苏联文学作品"。冯雪峰立即告诉鲁迅这一信息。鲁迅听罢，大喜过望，"怕错过机会似地急忙说：'我们抓住他！要他从原文多翻译这类作品！以他的俄文和中文，确是最适宜的了。'"不久，在《北斗》、《文学导报》等刊物上，就出现了瞿秋白以"董龙"、"陈笑峰"、"司马今"等为笔名写的杂文；他还开始比较系统地介绍马列文艺理论与苏联文学作品。① 鲁迅、冯雪峰与瞿秋白，成为左翼文艺运动中三位相互信任、并肩作战的战友。

《前哨》出了一期，"因为印刷与发行的困难，不得不将《前哨》这名字改为《文学导报》，同时将每期篇幅减少而改为半月刊"②。刊物由冯雪峰、楼适夷编辑，上海湖风书店发行。杂志在 1931 年 8 月 5 日出版，11 月 15 日终刊，共出 7 期。

当时，鲁迅、冯雪峰与茅盾三人拟定《文学导报》专登文艺理论研究，"并且认为当前要着重批判国民党鼓吹的民族主义文学"③。杂志发表了鲁迅、瞿秋白、茅盾多位"左联"领导人批判民族主义文学、论述大众文艺等主题的文章。冯雪峰发表《统治阶级的"反日大

---

① 冯雪峰：《回忆鲁迅（1952 年版）》，《冯雪峰全集（四）》，人民文学出版社 2016 年版，第 289—290 页。
② 《编辑附记》，《文学导报》第一期（1931 年 8 月 5 日）。
③ 茅盾：《"左联"前期》，《我走过的道路（上）》，人民文学出版社 1997 年版，第 459 页。

众文艺"之检查》（一卷六、七合期，1931 年 10 月 23 日，署名洛扬），
抨击统治阶级为了投降帝国主义、镇压民众反帝斗争，用尽阴谋制造
各种欺蒙民众的宣传画的行径。他还发表《关于革命的反帝大众文艺
的工作》（一卷六、七合期，1931 年 10 月 23 日，署名洛扬），号召
革命的文学者艺术家以大众文艺的工作来尽反帝的责任。具体说，就
是要用大众看得懂、听得懂，愿意接受、能够接受的方式，如创作唱
本、歌谣、连环图画、故事小说等，到工厂区、贫民区、街头、茶
馆、戏院、游戏场以及农村，去朗读、吟唱、讲说、散发等，从事反
帝斗争。① 从这篇文章中，可以看出冯雪峰对革命文艺大众化的积极
探索。杂志一卷八期终刊号（1931 年 11 月 15 日）刊登了《中国无
产阶级革命文学的新任务——一九三一年十一月中国左翼作家联盟执
行委员会的决议》，对中国无产阶级革命文学在新时期的特点、任务
与大众化、创作与理论、"左联"的组织及纪律等提出了要求。从刊
物内容可以看出，《文学导报》通过文件、杂文等多种形式，及时有
力地传达了"左联"的声音，鼓舞了进步文艺工作者斗争的勇气。

（三）《巴尔底山》、《世界文化》与《十字街头》

在编辑《萌芽月刊》的同时，冯雪峰协助鲁迅等筹办《巴尔底山》。
该刊 1930 年 4 月 11 日创刊，为旬刊，巴尔底山社印行。"巴尔底山"
是 Partisan 的音译，意为"袭击队"或"游击队"，表达了对刊物的
性质和任务的定位。"这是一种短小精悍的批评的周刊，也是一般文

① 《冯雪峰全集（五）》，人民文学出版社 2016 年版，第 44 页。

化的刊物。"① 创刊号《编辑后记》云:"这文化领域内的巴尔底山队,总算已经组成基本的队伍,可以进出到这阶级的社会战中,为支持一方的战线的一个小小的支队了。""队员"包括鲁迅、冯雪峰、潘汉年、沈端先、冯乃超、白莽、阳翰笙、朱镜我、柔石等 30 人。该刊以杂文和时事短评的形式,评论文化现象与社会思潮。刊物第一卷二、三期为合刊,1930 年 5 月 1 日出版;第四期 5 月 11 日出版;第五期 5 月 21 日出版,即为终刊。

杂志署"李一氓等编辑",但冯雪峰在其中担任重要角色。据沈松泉回忆:"我记得在 1930 年 3 月间(当时《萌芽》月刊尚在出版),冯雪峰来同我谈起他们想编辑这样一个小报式的刊物,问我'光华是不是愿意出版'?我同意了。……关于《巴尔底山》出版事务,都是冯雪峰来和我联系的,每期的稿子由雪峰送来,每期的清校样(最后一次校样)由雪峰带去经校对签字后又送回来。刊物不给稿费和编辑费,每期出版后由光华书局免费赠送若干份给编辑及写稿人员(大约是一百份)。因为这是一种政治性的刊物,在出版之前就估计到销路不会很多,而且随时有被禁止出版的可能,雪峰也并没有提出要光华付给编辑费和稿费的问题。……当初估计到也许找不到愿意出版这个刊物的书店,所以打算自费出版,鲁迅先生自愿拿出一百元来借作印刷费。后来雪峰和我商量后,光华愿意出版这个刊物,就无须自费出版,鲁迅先生的一百元也就不需要了。"②

---

① 茅盾、鲁迅:《中国左翼文艺定期刊编目》,载陈江辑注:《中国出版史料(现代部分)第一卷(下册)》,山东教育出版社 2001 年版,第 345 页。

② 沈松泉:《关于光华书局的回忆》,载俞子林主编:《百年书业》,上海书店出版社 2008 年版,第 31—32 页。

1930 年 3 月 14 日，鲁迅、柔石、冯雪峰等受泰东书局之邀，往万云楼赴宴商谈，筹划编辑《世界文化》。鲁迅当天日记记载："泰东书局招饮于万云楼，晚与柔石、雪峰、侍桁同往，同席十一人。"①3 月 17 日，鲁迅在日记中记："午后议泰东书局托办杂志事，定名曰《世界文化》。"②冯雪峰在《左翼作家联盟底成立》一文中提到此刊："联盟正式成立之后，即已开始积极工作，如各研究会均已相继成立，并机关杂志亦不久即可出版，杂志名《世界文化》，代发行所为泰东书局。"③1930 年 9 月 10 日，《世界文化》创刊号由"世界文化月刊社"出版，分为《论文》、《资料》、《世界文化消息》三个栏目。杂志在《编后记》中直接、公开地自认为是宣传国内外无产阶级文化的阵地。不过，"至今也不清楚此刊物的编者究竟是何人"④。

有意思的是，1932 年创刊于上海的"文总"机关刊物《文化月报》，在次年即改名为《世界文化》第二期，于 1 月 15 日出版。两本杂志的《本刊启事》，同为冯雪峰所写。《本刊启事》提出"六个征求"，即征求各地通讯员、读者投稿、读者通讯、读者批评和建议、读者代售及推销、直接定户。⑤这"六个征求"的策划"前景远大"，期望能办起一个全国性规模的综合性文化刊物，并要招收全国性的通讯员，保持文化信息及时、畅通；还设想建立一个全国性的销售网络，"欢迎读者直接订阅"，更希望产生"滚雪球"的效应。同期刊物后面，

① 《鲁迅全集》第十六卷，人民文学出版社 2005 年版，第 187 页。
② 《鲁迅全集》第十六卷，人民文学出版社 2005 年版，第 187 页。
③ 冯雪峰：《文艺界消息》，《冯雪峰全集（六）》，人民文学出版社 2016 年版，第 384 页。
④ 丁言模：《鲁迅"远离"的左联文化刊物〈世界文化〉》，《穿越岁月的文化刊物和作家（四）》，中国社会出版社 2019 年版，第 92—96 页。
⑤ 《冯雪峰全集（六）》，人民文学出版社 2016 年版，第 407 页。

还附有《代售简约》，表达书店代销书刊的营业思路。根据相关资料，可以勾勒出一个概况，即《文化月报》与《世界文化》第二期，由一个松散的编委会负责，主要成员也是"文委"和"文总"的主要成员，以各种方式进行组稿。冯雪峰等为主要策划者、重要稿件的组稿者。两种刊物都与冯雪峰关系密切，甚至可能是冯雪峰亲为。①

1931 年 12 月 11 日，《十字街头》创刊于上海，为半月刊；1932 年 1 月 5 日出至第 3 期起改为旬刊，同期出版后即被国民党政府查禁。该刊为四开四版的时事、文艺综合性小型报刊，由冯雪峰协助鲁迅编辑而成。作为"左联"的机关刊物之一，《十字街头》有着鲜明的政治倾向，但同时又具有出版时间短和综合性强的特点，便于迅速、直接地发表对时局的意见，主要面向工人、店员等读者。从"十字街头"这一刊名中可以看出其推动文艺大众化的宗旨。刊物以发表短小精悍的杂文和通俗的讽刺歌谣为主，大众化特色明显。鲁迅的名文《"友邦惊诧"论》和歌谣体杂文《好东西歌》等即发表于该刊。鲁迅的译著《毁灭》出版单行本后，鲁迅托冯雪峰送了一册给瞿秋白。瞿读后很快写了一封"讨论翻译的信"。冯雪峰将其以《论翻译》为名，分两期发表于《十字街头》第一、二期。冯雪峰回忆："那时鲁迅先生和我合编的《十字街头》旬刊刚出版不久，鲁迅先生以为可以在这旬刊上发表，所以就发表了；接着也发表了他的回信。"② 冯雪峰的来信与鲁迅的回信，后来又发表于1932

---

① 丁言模：《冯雪峰与〈文化月报〉和〈世界文化〉》，《穿越岁月的文化刊物和作家（四）》，中国社会出版社 2019 年版，第 164—165 页。

② 冯雪峰：《回忆鲁迅（1952 年版）》，《冯雪峰全集（四）》，人民文学出版社 2016 年版，第 294 页。

年 6 月的《文学月报》第一卷第一号。这一讨论对翻译界产生了影响。作为一名传递者，"冯雪峰见证了鲁迅和瞿秋白之间的友谊，也传播了他们之间的友谊"①。

（四）团结"中间"刊物

在自觉、积极创办进步刊物推动左翼文艺革命运动时，冯雪峰还充分利用其他刊物，兼容并包，团结最大多数的进步力量。

如前所述，上海的新书店方面，冯雪峰利用由戴望舒、杜衡、施蛰存、刘呐鸥等创办的水沫书店办刊；出版"左联"书刊的，还有张静庐等人开的现代书局、沈松泉的光华书局等。

办刊方面，冯雪峰利用《文艺新闻》从事左翼文艺运动的做法，取得了很好的效果。《文艺新闻》是报道性的文艺周刊，1931 年 3 月 16 日由留学日本专攻新闻学的袁殊创办，四开四版，后来增至六版，每周一号。刊物以新闻报道为主，间以论文。

"左联"五烈士被害时，"左联"刊物已被完全取缔，其他刊物不敢发声。在此严峻的情形下，冯雪峰充分利用了《文艺新闻》相对中立的身份开展斗争。为尽快将消息向社会发布，引起社会对恐怖迫害的抨击，冯雪峰通过在复旦大学教书的汪馥泉介绍，与袁殊商谈，获得支持。袁殊同意在《文艺新闻》上将消息透露出去。冯雪峰先是以"蓝布"为笔名，假托读者来信《在地狱或人世的作家？——一封读者来信探听他们踪迹》，向《文艺新闻》打听胡也频等人的下落。又

---

① 方馨未：《冯雪峰编辑〈萌芽月刊〉、〈十字街头〉及与鲁迅和瞿秋白的关系——李浩先生的某些论述与史实不符》，《上海鲁迅研究》2014 年第 4 期。

以"曙霞"、"海辰"的笔名,将信《作家在地狱——答蓝布先生并致读者》、《青年作家的死》投寄杂志。杂志第五号(4月13日)以《呜呼,死者已矣!——两个读者来信答蓝布》的形式发布这两封信,并加以题为《李伟森亦长辞人世》的引言,透露青年作家已经因为左翼文艺运动而被枪杀。在形格势禁的白色恐怖中,冯雪峰率先在并非"左联"刊物的《文艺新闻》上发表文章,揭露国民党秘密杀害"左联"作家的罪行,一反过去"左联"盟员一般只在自己的机关刊物上发表文章的惯例。托名读者来信的方式,一步步地透露出烈士遇难的消息,可见冯雪峰借助公开刊物进行斗争的策略性。周刊在广大民众尤其是青年群体中得到强烈的反响,发行量一度达八千份之多。冯雪峰还派出楼适夷作为"左联"的代表去参加《文艺新闻》的采访、编辑工作,使它接受"左联"的影响。他对楼适夷说:"现在我们所有的刊物都办不了了,只有袁殊办的《文艺新闻》我们可以利用它。"这样,"我们把《文艺新闻》搞起来了,范围慢慢扩大,色彩渐渐浓厚。开初搞得比较混乱、芜杂,还有点纯'客观'的味道,后来立场逐渐鲜明"。① 后来《文艺新闻》成为"左联"外围刊物,袁殊加入"左联"。但冯雪峰认为,"左联"对《文艺新闻》的领导只是政治上和思想上的,经济上杂志保持独立,同时又不改变其"客观报导"的方针,仍由袁殊主编,使得它在白色恐怖中处于公开合法的地位,发挥了最大作用。

《文艺新闻》在1932年6月间因被禁而停刊,共出过60多期。它对当时上海左翼文化运动起过积极的作用,鲁迅对它表示

---

① 楼适夷:《我谈我自己》,《新文学史料》1994年第1期。

支持。① 冯雪峰利用和影响《文艺新闻》的做法，为以后"左联"作家充分利用合法斗争来扩大战线与影响提供了范例。

为了扩大革命文学的影响，在文艺界造成生机蓬勃、四面出击的局面，冯雪峰授意丁玲创办《北斗》杂志。据茅盾回忆，当时《前哨》已被查禁，改名《文学导报》继续出版，内容则专登文艺理论研究。为了把文学创作提到重要的地位，决定再办一个以登载文学作品为主的大型文学刊物，并且公开发行。这就是1931年9月20日创刊、由丁玲主编的《北斗》。它是"左联""为扩大左翼文艺运动，克服关门主义和宗派主义而办的第一个刊物，或第一次重大的努力"②。丁玲开始主编《北斗》时，创刊号上需要图画，冯雪峰就带丁玲去找鲁迅帮忙。鲁迅推荐了一张木刻画，就是凯绥·珂勒惠支的《牺牲》，内容是一个母亲将自己的孩子送出去。这是为了纪念"左联"烈士柔石等人。冯雪峰为《北斗》制定了编辑方针，建议该杂志在表面上要办得"灰色"一点。③ 丁玲向沈从文、冰心、陈衡哲、叶圣陶、郑振铎、徐志摩等非"左联"作家广泛约稿。后来，《北斗》的用稿倾向暴露出它是"左联"办的，一些人就不再供稿了。冯雪峰提出：还是要想办法把这些人的文章找来。他们想出个题目：请你们谈一谈对现在创作的意见——征文。结果，有些人的名字又出现在《北斗》上了，显

---

① 冯雪峰：《关于"文委"、"文总"、〈文艺新闻〉、〈中国论坛〉、"上海著作者抗日会"以及有关王达夫的几个问题》，《冯雪峰全集（九）》，人民文学出版社2016年版，第188—189页。

② 茅盾：《"左联"前期》，《我走过的道路（上）》，人民文学出版社1997年版，第459页。

③ 丁玲：《关于左联的片断回忆》，载中国社会科学院文学研究所《左联回忆录》编辑组编：《左联回忆录》，中国社会科学出版社1982年版，第161—162页。

示出该刊和这些著名作家有联系。①

　　冯雪峰认为《北斗》杂志应该多扶持年轻作者，培养新人，奖掖新作。葛琴与文君在《北斗》第二卷第二期分别发表小说处女作《总退却》和《豆腐阿姐》，冯雪峰马上发表评论，高度评价"幼稚作者"的意义，认为这样的"幼稚的"作家和作品愈多愈好，"因为这将造成了发达的丰富的文艺生活"。他还特意加注强调杂志对于扶持青年群众作家的责任："《北斗》杂志开始以较多的地位来登载这些青年群众作家的作品，这是十分应当的态度。……一切的我们的杂志，都应当尊重这样的作品和作家，每期都应当介绍一二个这样的作家，不但登载他们的作品，并且编者们还要给他们以意见和批评。"②1931 年，丁玲在《北斗》发表表现群体生活的《水》，冯雪峰即在 1932 年 1 月 20 日《北斗》第二卷第一期以"丹仁"为名配发《关于新的小说的诞生——评丁玲的〈水〉》，赞美丁玲从自我小天地走向了社会，从个人主义走向了工农大众的革命道路。他欢呼这是"唯物辩证创作方法"的初步"现兑"，是"我们应当有的新的小说"。③

　　《北斗》杂志"发行未久，已被国内外读者所称许，公认为一九三一年我国文坛唯一的好刊物……各埠读者来信补购一卷各期者，日必十数起"④。但是在白色恐怖的环境下，为避免杂志被禁而故意办得"灰色"一些的策略，并不能改变《北斗》被查禁的命运。杂

---

　　① 丁玲：《在首届冯雪峰研究学术讨论会上的发言摘要》，载包子衍、袁绍发、郭丽卿、王锡荣编：《冯雪峰纪念集》，人民文学出版社 2003 年版，第 35 页。

　　② 冯雪峰：《关于〈总退却〉和〈豆腐阿姐〉》作者注，《冯雪峰全集（五）》，人民文学出版社 2016 年版，第 78 页。

　　③ 《冯雪峰全集（五）》，人民文学出版社 2016 年版，第 61—65 页。

　　④ 《北斗》第三、四期广告。

志于 1932 年 7 月 20 日出至第二卷第三、四期合刊时被查禁。

冯雪峰对《文艺新闻》等中间刊物的认可与积极利用，对丁玲创办《北斗》的支持，与他对政治上的"关门主义"或"宗派主义"、机械的文艺观的危害性的深刻认识相关。在此前后，冯雪峰发表《对于文学运动几个问题的意见》等文章①，对"关门主义"等不良倾向提出批评。在《论民主革命的文艺运动》长文中，他认为革命文学运动中的主要错误在于"左倾机械论和主观教条主义"、"思想上的右退状态"、"革命宿命论和客观主义"。②对中国新文艺运动理论上的机械论、策略上的宗派主义、文艺创作概念化与公式化等主要错误倾向做出批评与反思，是冯雪峰前后一贯的做法。③在前述《萌芽月刊》的编辑活动中，冯雪峰就曾经表达了反对"关门主义"的态度，认为应该以"比较宽大"的标准，在思想内容方面"容许作者底世界观或人生观及意识底比较的不正确或比较的不纯粹"④。在编辑《新地月刊》时，他认为用稿应容许文学有"许多层"，文学与实际应容许"相当的距离"⑤。这种认识，有力地团结了最大多数的人站到同一战线上来。

从"湖畔"时期的同人诗集、"文学工场"时期的同人翻译，到上海时期成熟的"左联"编刊，冯雪峰的编辑意识逐渐走向自觉。在

① 最初发表于 1936 年 9 月 15 日《作家》月刊第一卷第六号，署名吕克玉。后修改收入《过来的时代》。《冯雪峰全集（五）》，人民文学出版社 2016 年版，第 101—109 页。
② 冯雪峰:《论民主革命的文艺运动》，《冯雪峰全集（四）》，人民文学出版社 2016 年版，第 25—45 页。
③ 冯夏熊:《冯雪峰——一位坚韧不拔的作家》，载包子衍、袁绍发、郭丽卿、王锡荣编:《冯雪峰纪念集》，人民文学出版社 2003 年版，第 20 页。
④ 冯雪峰:《〈萌芽〉启事》，《冯雪峰全集（六）》，人民文学出版社 2016 年版，第 373 页。
⑤ 冯雪峰:《编辑后记》，《冯雪峰全集（六）》，人民文学出版社 2016 年版，第 404 页。

"左联"时期,作为从事左翼文艺运动的革命知识分子,对出版媒介与文学、政治社团之间的关系,冯雪峰有着高度自觉的认识:"在印刷技术发达和交通工具进步的现代,杂志,报纸,书籍和出版机关已成为文艺运动的主要的组织机能和方式;但仍需要种种文艺上的结社和集会以及其它的种种方式。同时,文艺团体和杂志等等,也是相联系着的。"①"左联"时期的"党的代表"这一特殊身份,决定了冯雪峰编刊不是出于个人兴趣,而是以宣传马克思主义文艺理论和对抗国民党文艺政策、突破文化封锁与"围剿"为主要目标。他的编刊活动,明显表现出一种政治化与组织化的特点。

在"左联"编刊的过程中,冯雪峰付出巨大的心血,乃至冒着生命的危险。从他参与创办的刊物的周期来看,可谓屡办屡禁而又屡禁屡办。据研究者统计,在国民党当局对左翼报刊的严酷禁压之下,冯雪峰所编辑的刊物,从最早一种面世到最后一种结束,满打满算不过两年时间,刊物平均寿命仅为4个月。如果把《萌芽月刊》与《前哨》的别名《新地》与《文学导报》计算在内,每刊的平均寿命只有3个月。"'左联'的书刊出版事业从一开始就生存在如此严重的白色恐怖之下,却能一往无前义无反顾前赴后继生生不息,究其所以,鲁迅先生的亲执大纛、亲挥长戈自是根本,而冯雪峰的不惮牺牲不辞辛劳也是不可或缺的重要原因。作为鲁迅先生的工作助手,他以卓越的执行能力把鲁迅先生的出版策略付诸实施,从而为初始阶段的'左联'出版事业作出了巨大贡献。"②"敌人的文网再密,禁锢再严,我们也有办法突

---

① 冯雪峰:《论民主革命的文艺运动》,《冯雪峰全集(四)》,人民文学出版社2016年版,第64页。

② 张丹:《冯雪峰与"左联"初期的几份刊物》,《文艺报》2013年11月11日。

破。许多左翼的书刊,今天被禁了,明天换个名称又出版,敌人越是禁,读者越要看,因而书店也乐于出版。在这家书店被禁的书,在另一家书店又改头换面和读者见面。"① 冯雪峰参与领导的"左联"期刊,表现出了灵活的战斗技巧、不畏牺牲的勇气和执着的革命精神。

四、与鲁迅的编辑出版交谊

从"左联"时期冯雪峰的编辑出版活动可以看出,鲁迅是其重要的精神导师。协助鲁迅从事进步思想传播活动,是冯雪峰这一时期的重要实践。以编辑出版为媒介,冯雪峰成为左翼和鲁迅之间的桥梁。

1922年4月,"湖畔诗人"同人将刚出版的《湖畔》寄给已经成为著名作家的鲁迅,扉页题词道:"鲁迅先生请批评,漠华、雪峰、静之敬赠。"这是冯雪峰和鲁迅交往的开始。

1925年,在北京半工半读的冯雪峰,像那个时代的很多青年一样,在北大旁听了鲁迅的课。1926年,冯雪峰向鲁迅主编的《莽原》杂志投寄日本森鸥外的短篇小说《花子》译稿,鲁迅为其认真校对,发表于《莽原》第十一期(6月10日)。1926年8月5日晚,冯雪峰和潘漠华等人登门拜访鲁迅,这是他们第一次私下见面。他们当时是为创办刊物,求助于鲁迅介绍到北新书局出版。鲁迅回答说,北新的

---

① 阳翰笙:《在纪念"左联"成立五十周年大会上的发言》,载中国社会科学院文学研究所《左联回忆录》编辑组编:《左联回忆录》,中国社会科学出版社1982年版,第23—24页。

经理李小峰恐怕不想再创办刊物了吧。冯雪峰就告辞而出。① 当晚，鲁迅在日记里只是记道："晚冯君来，不知其名。"②

真正推动冯雪峰与鲁迅产生深交的，是冯的同乡、同学柔石。1928 年底，重返上海的冯雪峰遇到了浙江第一师范学校的同学柔石。柔石告诉冯雪峰，自己与几个朋友成立了一个朝花社，鲁迅也是同人，想出丛书和画册，介绍欧洲的文学和版画。他们都住在景云里，就在鲁迅的隔壁。柔石向冯雪峰介绍了"鲁迅先生对青年的诚挚恳切的态度"，以及对自己的帮助等，还说他看过冯雪峰翻译的《文艺政策》，以及冯雪峰 1926—1927 年翻译的日本昇曙梦著述的关于苏联文学、演剧、跳舞等的三种小册子，"认为这种介绍对中国文坛是有好处的"。③ 此前，冯雪峰发表了他的第一篇论文《革命与智识阶级》。在这篇文章中，他提出要宽容对待小资产阶级作家，指出："在文明批评方面，鲁迅不遗余力地攻击传统的思想——在'五四''五卅'期间，智识阶级中，以个人论，做工做得最好的是鲁迅。"④论文虽是为当时被左翼批判的鲁迅辩护，但其中的许多观点仍失之偏颇。当时的冯雪峰刚翻译完苏联的《文艺政策》，受苏联把高尔基看成为"同路人"等机械论观点的影响，也机械地把鲁迅"派定为所谓'同路人'"，有一种"'像煞有介事'的轻浮的态度"。⑤ 在文中，冯雪峰认为鲁迅

① 冯雪峰：《1974 年 2 月 26 日致包子衍信》，《冯雪峰全集（七）》，人民文学出版社 2016 年版，第 110 页。

② 《鲁迅全集》第十五卷，人民文学出版社 2005 年版，第 632 页。

③ 冯雪峰：《回忆鲁迅（1952 年版）》，《冯雪峰全集（四）》，人民文学出版社 2016 年版，第 229—230 页。

④ 《冯雪峰全集（五）》，人民文学出版社 2016 年版，第 13 页。

⑤ 冯雪峰：《回忆鲁迅（1952 年版）》，《冯雪峰全集（四）》，人民文学出版社 2016 年版，第 230—231 页。

"没有在创作上暗示出'国民性'与'人间黑暗'是和经济制度有关的，在批评上，对于无产阶级只是一个在旁边的说话者。所以鲁迅是理性主义者，不是社会主义者"①。对于这种苛评，当时被"创造社"、"太阳社"批评为"封建余孽"、"二重的反革命"的鲁迅看过后，很是反感，说道："这个人大抵也是创造社一派！"柔石向鲁迅解释说，这篇文章主旨是批判"创造社"的"小集团主义"，鲁迅听后才不再评说。因为认为冯雪峰翻译出版的昇曙梦有关俄国文学、戏剧等的作品对中国文艺界有很大帮助，鲁迅特意找出一本买重的日译的辩证法册子让柔石转交给冯雪峰。②

柔石的居间介绍与耐心沟通，使得冯雪峰很快就能受到鲁迅的指导，和他建立起友谊。1928 年 12 月 9 日晚上，在柔石的陪同下，冯雪峰正式拜访了鲁迅，向鲁迅请教了德国蔡特金关于知识分子问题的论文的译文，还有自己正在翻译的普列汉诺夫的《艺术与社会生活》的日译本中几个疑惑的地方。第二次去见鲁迅，冯雪峰提出请他翻译普列汉诺夫几篇关于艺术起源的通信体论文，编为自己正拟发起的"马克思主义文艺理论丛书"的第一本。鲁迅当即答应了。以后谈话一次比一次多。1929 年 2 月，在柔石的帮助下，冯雪峰住进已经去日本的茅盾家的三楼，与鲁迅家同在景云里弄堂，而且两门相对，往来方便，因此去鲁迅家的次数日益增多，交谈也日益深入。冯雪峰以其深厚的文艺修养与"浙东人的老脾气"，赢得了鲁迅高度的信任。

---

① 冯雪峰：《革命与智识阶级》，《冯雪峰全集（五）》，人民文学出版社 2016 年版，第 13 页。
② 王艾村：《柔石和冯雪峰的友谊历程——纪念冯雪峰诞辰一百周年》，载上海鲁迅纪念馆编：《回望雪峰：第三届冯雪峰学术研讨会论文集》，上海文艺出版社 2005 年版，第 453 页。

以翻译出版与刊物出版为媒介，两位文艺家，开始了频密的交往与亲密的合作。在生活中，冯雪峰和鲁迅两人互相关照。冯雪峰对鲁迅非常尊敬，代鲁迅校对、送稿、送稿费、买书，陪鲁迅去开会、赴宴，事无巨细。光华书局负责人沈松泉回忆说："由于《萌芽月刊》的出版，光华书局和鲁迅先生有点联系，但我从未到过鲁迅先生的寓所，一切联系，都是由雪峰经办的。"①

而鲁迅则对冯雪峰关照有加。1929 年 7 月 20 日，鲁迅在日记中记载："雪峰来，假以稿费卅。"这是鲁迅以预借稿费的名义在帮助冯雪峰。8 月 15 日，冯雪峰还款。这一天，鲁迅在日记中记："午后寄雪峰信并译稿两篇……夜雪峰来并还泉卅。"2005 年版《鲁迅全集》注："疑即苏联卢那察尔斯基所作《文艺与批评》中的两篇译稿，收入水沫书店版《文艺与批评》。"②鲁迅在 8 月 16 日夜写的《〈文艺与批评〉译者附记》中说："至于我的译文，则因为匆忙和疏忽，加以体力不济，谬误和遗漏之处也颇多。这首先要感谢雪峰君，他于校勘时，先就给我改正了不少的脱误。"③1929 年 10 月起，冯雪峰接受闸北区委第三街道支部的指示，负责和鲁迅的联系。在此前后，两人来往变得前所未有地密切。仅 1929 年《鲁迅日记》中有关冯雪峰的直接记载，就有 34 条之多，大体仍是编译事务。如 10 月 13 日日记："下午寄雪峰信并《艺术论》译稿一份。"12 月 26 日日记："雪峰来并交《萌芽》稿费二十七元。"1930 年 4 月 11 日日记："下午雪峰来并交为神州国

① 沈松泉：《关于光华书局的回忆》，载俞子林主编：《百年书业》，上海书店出版社 2008 年版，第 30 页。
② 《鲁迅全集》第十六卷，人民文学出版社 2005 年版，第 150 页。
③ 《鲁迅全集》第十卷，人民文学出版社 2005 年版，第 332—333 页。

光社编译《现代文艺丛书》合同一纸。"偶尔也有生活中事，如1933年1月25日，"旧历除夕也，治少许肴，邀雪峰夜饭，又买花爆十余，与海婴同登屋顶燃放之，盖如此度岁，不能得者已二年矣。"两人情谊之深，由此可见。

许广平曾以一位见证者的身份，在回忆录中对"一位朋友"F（即冯雪峰）与鲁迅的交往，尤其是编辑出版的合作，留下鲜活的记录：

> 和某某社保持相当友谊，曾在北平旁听过先生讲书的青年F，后来在闸北和先生住在同里，而对门即见，每天夜饭后，他在晒台一看，如果先生处没有客人，他就过来谈天。他为人颇硬气，主见甚深，很活动，也很用功，研究社会科学，时向先生质疑问难，甚为相得……对先生感情很好……敲门声响，他来了。一来就忙得很，《萌芽》、《十字街头》、《前哨》等刊物的封面，内容固然要和先生商讨，要先生帮忙。甚至题目也常是出好指定，非做不可的。有时接受了，有时则加以拒绝。走出了，往往在晨二三时。然后先生再打起精神，做豫约好的工作，直到东方发亮，还不能休息。这工作多超过先生个人能力以上……有时听听他们谈话，觉得真有趣。F说："先生，你可以这样这样的做。"先生说："不行，这样我办不到。"F又说："先生，你可以做那样。"先生说："似乎也不大好。"F说："先生，你就试试看吧。"先生说："姑且试试也可以。"于是韧的比赛，F目的达到了。

不过，鲁迅对冯雪峰的"强迫命令"并不介意："有什么法子呢？

人手又少，无可推诿。至于他，人很质直，是浙东人的老脾气，没有法子。他对我的态度，站在政治立场上，他是对的。"在许广平看来，冯雪峰在鲁迅眼里，是一位有着勇猛的锐气、正义感的热血青年。而鲁迅，"在青年跟前，不是以导师出现，正象一位很要好，意气极相投的挚友一般"。①

50年代初，冯雪峰回忆鲁迅，提及两人一起编刊时艰苦而又美好的经历：

> 一九三一年"九一八"至一九三二年"一·二八"之间，我那时就住在他所住的公寓最下一层（他住在三层楼），和他共编着《文学导报》与《十字街头》，我们工作大都在深夜，——在那些深夜中的他的兴奋愉快的神情，是我永远不会忘记的。那时我们的刊物的中心内容当然是反对日本帝国主义的侵略和国民党的不抵抗主义以及"攘外必先安内"的卖国主义。大半都在许广平先生等已经睡了的时候，我到他那里去，告诉他已经有哪些文章，还缺乏怎样的文章和需要多少字数，他就说："我来凑一点。"或者从案头拿给我已写好的文章，说有多少字，那么，还少多少字，也由他再写一点。这样就算编好一期了，于是拿出饼干之类的点心来，就在暗暗的台灯之下轻声地谈起来。轻声地谈，是因为人们都已经睡觉，四周已经很静寂的缘故。他的精神实在显得年轻和天真……②

---

① 许广平：《欣慰的纪念》，人民文学出版社1981年版，第66—68页。
② 冯雪峰：《回忆鲁迅（1952年版）》，《冯雪峰全集（四）》，人民文学出版社2016年版，第285—286页。

在冯雪峰的影响下，鲁迅参加了不少重大社会活动，与左翼文艺阵营、中国共产党相互加深了解。经冯雪峰的介绍和联系，鲁迅与瞿秋白等著名共产党人建立起了密切的关系。在左翼文艺运动中，以鲁迅为中心，冯雪峰、瞿秋白、茅盾三位文学家相互团结、支持。其中，冯雪峰起到了重要的中介作用。1931 年 1 月党的六届四中全会以后，瞿秋白被排挤出中央领导岗位，在上海养病。这时候，鲁迅与瞿秋白还没有见过面，通信来往也少，大半事情都是经过冯雪峰在口头上替他们相互传达和商量的。[1] 此后瞿秋白与鲁迅逐渐接近、相识、交往，乃至亲密合作，领导"左联"参与文化反"围剿"。其间瞿秋白曾五次住在鲁迅家里，以逃避国民党特务的追踪。他们一起讨论翻译问题，合作撰写杂文，探讨文艺理论。出于对瞿秋白的信任，鲁迅写下"人生得一知己足矣，斯世当以同怀视之"的条幅赠言。冯雪峰还精心安排了鲁迅与陈赓将军的会见，使得鲁迅在文化战线外，了解了革命军事战线的情况。鲁迅把方志敏托人送来的书信遗稿，交冯雪峰转送陕北党中央。冯雪峰成为沟通党与鲁迅之间的一个桥梁。[2]

1933 年 12 月中旬，因冯雪峰身份暴露，中央调他去中央苏区瑞金。12 月底，冯雪峰抵达瑞金；1934 年 10 月随中央红军长征，历经艰难，到达陕北，在陕北党校等机构工作。1936 年 4 月，中央派冯雪峰回上海工作，具体任务主要是同上海各界救亡运动的领袖沈钧儒、上海地下党支部、文艺界等取得联系，传达毛主席、党中央抗日

---

[1] 冯雪峰：《回忆鲁迅（1957 年版）》，《冯雪峰全集（四）》，人民文学出版社 2016 年版，第 357 页。

[2] 倪墨炎、陈九英：《冯雪峰与鲁迅》，《博览群书》2010 年第 1 期。

民族统一战线政策。①4 月 25 日，冯雪峰抵达上海后，很快与鲁迅等人建立了联系。

以鲁迅、冯雪峰及其追随者为代表的左翼作家，联合同情革命的进步作家，以翻译出版、期刊出版等为主要传播媒介，宣传其批判黑暗社会、反抗文化专制、寻求社会进步的理念，有力地推动了左翼文艺运动的发展。而在新中国成立后，冯雪峰走上出版社领导岗位，他所念兹在兹、终生矢志与之的一件事，就是推动鲁迅著作的编辑出版工作，传播鲁迅精神。这主要缘于其年轻时期与鲁迅的特殊关系及其所体认到的精神传统。

1937 年 9 月，冯雪峰因与博古关于白区工作政策方针理解发生分歧，写信向潘汉年"请假"，于当年 12 月回到老家义乌，开始准备创作长征题材的小说《卢代之死》。1941 年 2 月 26 日，因为受在金华报社当差的同乡青年朱侃来信中提及"国际新闻社金华分社被查封"的牵连，冯雪峰在神坛村被金华宪兵连逮捕。3 月，冯雪峰被转押到三战区特务机关——上饶集中营的茅家岭禁闭室，并于 4 月在病中被转押至设在周田村的"特别训练班"。"特训班"要求每个人都写"把自己经历交代清楚"的自传，冯雪峰在一张八行纸上写了一百零几个字。除了籍贯、年龄和读过师范的经历外，他编造说读过北京大学，后来一直在上海商务印书馆做编辑。因为这个职业和他的外表，骗过了特务。

在狱中，"特训班"组织囚徒编辑出版墙报。冯雪峰和几位地下党员商量，认为有必要利用这个宣传阵地，用巧妙隐晦的手法编写稿

---

① 冯雪峰：《关于 1936 年 4 月至 1937 年 6 月之间上海地下党组织和党员情况的参考材料》，《冯雪峰全集（八）》，人民文学出版社 2016 年版，第 70 页。

件，歌颂自由，抨击黑暗，以鼓舞同志们的斗志。他们推荐林秋若任墙报主编，郭静唐、吴大琨、王闻识、冯雪峰等任编辑，负责组稿和编稿。墙报很快出版了第一期，之后大约每半个月出一期。为应付特务的检查，刊登的稿子大都语言晦涩、意义含蓄，隐含光明必将战胜黑暗、正义必将战胜邪恶、革命必将战胜反革命的思想。如冯雪峰写的诗《普洛美修士片断》，借用古希腊的神话故事，鼓励狱中同志为解放事业不惜牺牲自己的生命去进行顽强不屈的斗争。后来墙报被特务总教官勒令停办。在狱中，冯雪峰患上肋骨结核。1942年，在时任《前线日报》主编的宦乡、郭静唐的保释下，冯雪峰出狱治病。他在《前线日报》馆待了半个月后，经浙南、桂林辗转去往重庆。在丽水养病期间，冯雪峰应友人之请，为《东南日报》丽水版的副刊《笔垒》撰稿和审稿。在重庆，1944年春季，冯雪峰接手主编文协的机关刊物《抗战文艺》。

1946年2月，冯雪峰回到上海。直至1949年5月上海解放时为止，冯雪峰一直在上海从事写作，在《文汇报·笔会》上开设专栏《大题小感》，发表大量杂文，并开始连载发表《鲁迅回忆录》、创作寓言。1948年下半年至1949年6月，通过党的关系，冯雪峰进入苏联塔斯社上海分社创办的时代出版社从事编辑工作。由塔斯社出面而实际上由中国共产党地下组织领导的时代出版社，1941年成立于上海。出版社于1941年8月出版《时代》周刊，主要向中国介绍苏联卫国战争情况；1942年11月创办《苏联文艺》杂志，以连载并出版苏联文艺作品的单行本为主，其中《青年近卫军》、《人民不死》等作品对中国文学影响深远；1945年9月，出版《时代日报》，反映战后国内局势。1949年5月上海解放，时代社改由中国经营。在时代社，冯雪峰替罗果夫编辑《鲁迅论俄罗斯文学》，并撰写长篇序言《鲁迅和俄罗斯文学的关系》，后来主要审读编译部所译的文学书稿。在这段难得的稍有空闲的时期，冯雪峰创作了不少作品，还编辑了《雪峰文集》，1948 年 1 月由上海春明书店作为"现代作家文丛"第 10 集出版。《雪峰文集》分为诗、杂志与寓言三辑，分别收录诗 6 首、杂文 34 篇、寓言 20 篇。在此期间，冯雪峰还为远在华北的丁玲编辑出版了《丁玲文集》（1949 年 3 月），作为"现代作家文丛"第 8 集出版。在编辑过程中，冯雪峰为文集写下后记《从〈梦珂〉到〈夜〉》，对 1941 年之前丁玲创作的七篇小说逐一进行了评价。其中既有对单篇作品深入的、文字绵密的评论，又有对丁玲从创作起点到过渡时期的贯通的梳理，准确而深刻。代编文集而又作出全面评价性的后记，体现出冯雪峰对丁玲的相知与倾力相助。

1949 年 6 月下旬，冯雪峰担任华东代表团团长，到北京参加第一次全国文代会，当选为中华全国文学艺术联合会全国委员会委员、中华全国文学工作者协会常务委员会委员。9 月 11 日，中华全国文学工作者协会上海分会成立，冯雪峰担任该会主席，负责编辑"文艺创作丛书"。11 月 2 日，冯雪峰被中央人民政府任命为华东军政委员会委员。随着全国解放，文艺界进入人民文艺的建设时期。走过青春的"湖畔"岁月，经历过左翼文艺运动、长征、陕北革命生涯、上饶铁窗生涯的冯雪峰，迎来了他成熟的中年。带着丰富的编辑出版经验与革命家开阔的视野，冯雪峰开始了对人民文学出版事业的探索。

第三章

对人民文学出版事业的探索

一、出任人民文学出版社社长

1949 年 7 月 2 日至 7 月 19 日，全国第一次文学艺术工作者代表大会在北平召开，将"人民文学"确立为新民主主义—社会主义文学的新方向。人民文学方向确立后，需要国家文学出版机构来总结与传播其成果，通过出版相关作品来体现与落实这一文学方向。新中国成立之初，为了建设人民文学，逐步建立健全了承担书刊编辑出版工作的国家文学传媒制度。人民文学出版社与《人民文学》、《文艺报》杂志，是"人民"谱系中最重要的三大文学编辑出版机构。其中，人民文学出版社成立于 1951 年

3月28日。

草创中的人文社，在社领导人选的问题上，非常慎重。既要保证"国社"承载主流意识形态的正确性，又要有助于提高文学的艺术水平。理想的人选，是集革命工作经历、共产党员身份和对革命文艺有较大贡献于一身者，以保证政治上的纯洁性、文学艺术上的影响力与思想上的认同感。

从笔者了解的史料看，人文社创建时，负责人最初还有其他人选，比如巴金。巴金在晚年曾提及：解放后冯雪峰有一次从北京到上海，说有人托他找巴金出任即将成立的人文社的社长。巴金说自己"不会办事"，请冯雪峰代为辞谢。冯雪峰看巴金意思坚决，坦言道：倘使巴金不肯去，"他就得出来挑那副担子"。①

最终，人文社社长的重担，历史性地落到冯雪峰身上。1951年，冯雪峰以副部级身份出任人文社社长兼总编辑。如前所说，冯雪峰有着同时代其他文化人所无法相比的资格：新文化运动中成名的诗人、作家、文艺理论家、翻译家，编辑过《湖畔》等诗集；自20年代末起，与鲁迅联手主编"科学的艺术论丛书"、《萌芽月刊》等进步书刊，对革命文艺运动起了积极的推动作用；30年代成为"左联"的负责人之一，团结大批进步作家和革命作家，对当时国民党反革命文化"围剿"进行了英勇顽强的斗争，在上海左翼运动中得到旗手鲁迅的认可；参加长征；1949年以后，出任上海市文学工作者协会主席、上海市文联副主席等职务。特殊的革命资历与文坛地位，使冯雪峰成为符合人文社高规格社长的人选。建社时，周恩来点名让冯雪峰当社长，并且给

———————————

① 巴金：《纪念雪峰》，《巴金全集》第十六卷《随想录》，人民文学出版社1991年版，第132页。

他副部长级待遇。

但我们不必回避的是，最初，冯雪峰对出任人文社社长一职有所犹豫。至于原因，有多种说法。

其一，冯雪峰拟留在上海继续整理编辑鲁迅著作而不愿意北上。这种说法，来自冯雪峰在时代社的老同事、翻译家，后任职于人文社的孙绳武。1951年春天，孙绳武在上海淮海中路某车站等车，碰到冯雪峰，冯提到马上要去北京筹建人文社，但孙绳武感觉他内心不愿意去，因为他那时准备在上海鲁迅著作编刊社专心整理出版鲁迅著作；如果赴京，就得放弃鲁迅著作的编辑工作。[①] 即使在出任人文社负责人后，冯雪峰仍想专门从事编辑《鲁迅全集》的工作，因此调来楼适夷担任人文社副社长兼总编辑，希望他能代自己全面主持社务工作。大概在1953年第二次文代会期间，冯雪峰写过一封短信给胡乔木，请求卸去《文艺报》主编和人文社社长、总编辑职务，"专负责《鲁迅全集》的注释工作"。由此可见，孙绳武所说，并非没有依据。

其二，这与冯雪峰自己的创作计划矛盾。这种说法，来自冯雪峰在时代社的同事王士菁。1950年底，王士菁去冯家送"华东文艺创作丛书"稿子时，遇到华东军政委员会文化部副部长黄源。黄来找冯，说文化部要成立人民文学出版社，并请冯担任社长。冯没有答应。冯在闲谈中告诉王士菁：当时已经和在南京的刘伯承约谈红军长征情况，拟动手创作长征题材长篇小说。这是他多年来的心愿，已经搜

---

① 宋强：《孙绳武先生印象》，载《孙绳武诗文集》，人民文学出版社2016年版，第330页。

集了大量资料，只是苦于无时间去完成。①冯雪峰后来也说，在 1952 年初，受命承担《文艺报》主编工作时，自己曾经考虑请求中宣部另找他人负责，"因为我另外有个人打算，怕工作太多妨碍我写东西"②。

其三，冯雪峰对行政工作缺乏兴趣。他说过，只想做点"具体的文化工作"，"走单单做一个作家的道路"③，因为他认为，"文艺上的地位不被承认，党内就不会有地位"④。

其四，冯雪峰担心与有关人士的矛盾导致不好开展工作。这点为胡愈之所知，但他劝冯说："不管怎样，总理已经决定了，你无论如何也要搞，而且要搞好。"⑤

在短暂的犹豫后，冯雪峰最终出任了人文社社长。巴金在《纪念雪峰》一文中说："他是党员，他不能放弃自己的职责。"⑥

以冯雪峰为灵魂，人文社早期形成了一个同人化精神气质明显的编辑出版人群体，包括"文革"前三任社长兼总编辑冯雪峰、王任叔、严文井；以及楼适夷、许觉民、韦君宜、聂绀弩、郑效洵、王士菁等副社长、副总编辑。他们在很大程度上决定了人文社早期的出版

① 王士菁：《编辑三愿——纪念人民文学出版社成立四十周年》，《新文学史料》1991 年第 1 期。

② 冯雪峰：《1957 年 9 月 4 日在中共中国作家协会党组第二十五次扩大会议上所作的检讨》，《冯雪峰全集（九）》，人民文学出版社 2016 年版，第 362 页。

③ 胡愈之：《我所知道的冯雪峰》，《新文学史料》1985 年第 4 期。转引自孙晓忠：《当代文学中的冯雪峰——以〈文艺报〉为中心》，《文学评论》2005 年第 3 期。

④ 晓风：《我的父亲胡风》，春风文艺出版社 2001 年版，第 173—174 页。转引自孙晓忠：《当代文学中的冯雪峰——以〈文艺报〉为中心》，《文学评论》2005 年第 3 期。

⑤ 胡愈之：《我所知道的冯雪峰》，载包子衍、袁绍发、郭丽卿、王锡荣编：《冯雪峰纪念集》，人民文学出版社 2003 年版，第 138 页。

⑥ 巴金：《纪念雪峰》，《巴金全集》第十六卷《随想录》，人民文学出版社 1991 年版，第 132 页。

方针、定位等，并以精神接力的方式形成"人文精神"传统。整体看，早期人文社的编辑出版骨干有两个突出的特点：

其一，多拥有革命经历。人文社领导层中，不少人具有革命经历，参加了上海左翼文化运动、苏区文化运动、延安革命斗争。党内革命文艺家成为人文社领导的绝对主体。

其二，多拥有明显的多重身份。人文社大多数社领导往往拥有文学家、主流意识形态阐释者、文化官员等多重身份，普通编辑则多兼有专家与编辑身份。他们多有着可靠的红色革命背景与基于多种专业能力与贡献而来的声望，即同时拥有丰富的政治资本与文化资本，这构成了他们突出的社会身份特点。

早期人文社编辑出版家群体，基于对社会主义政治理念与文化事业的高度认同，迅速完成人民出版工作者的身份认同，以"人民"为价值标准，成为社会主义革命与建设所迫切需要的知识分子，投身人民出版事业的建设中。他们以人文社为平台，在不长的时间里建构起格局宏大、内容丰富、品格厚重的人民文学出版事业。

二、人才队伍建设与机构组建

（一）同人化的人才引进方式

健全的组织机构和得力的干部，是贯彻出版方针、完成出版任务的重要保证。人文社创建时，冯雪峰的精力，主要用在大力延揽人才和健全组织机构方面。

人文社初创时期，其人员主要由文化部艺术局编译审定处、三联书店与公开招聘三部分组成。1951年1月，文化部进行机构改革，艺术局和戏曲改进局合并为艺术事业管理局。[①]蒋天佐负责的艺术局编译审定处的人员全数调到出版社，有朱葆光、王淑明、贾芝、黄肃秋、刘辽逸、文怀沙、杜维沫、谢思浩、谢素台等。1951年，在出版实行专业化方针和组织中国图书发行公司过程中，三联书店被拆分。其文学艺术图书的出版工作，与新华书店文艺编辑部及上海群益出版社一起被合并至人文社。[②]从三联调去人文社的，有郑效洵、方白、方殷、刘岚山和许觉民等。面向社会公开招考进入的，有王昭、徐恩媛等。[③]在上述人马组成了最初的人文社后，陆续有各路出版力量被并入：1951年夏，随冯雪峰北上的专业人才，包括孙用、林辰、杨霁云、王士菁、杨立平、殷维汉、王珩第等鲁迅著作编刊社同人。1952年，时代出版社在北京的许多成员进入人文社，有蒋路、孙绳武、楼适夷、许磊然等人。

成为人民出版工作者既意味着通过单位获取生活资料，更是政治身份的确立。人民政权中的新建文化机构，在接受人员进入体制的过程中，非常强调严格的政治标准。在1957年社会主义国家出版会议上中国所做的报告中，曾把1949年以后的编辑人员据

---

① 文化部人事司等：《中华人民共和国文化部组织机构沿革及领导干部名录》，文化艺术出版社2010年版，第22—26页。

② 仲秋元、蔡学昌：《生活·读书·新知三联书店大事记》，载生活·读书·新知三联书店文献史料集编委会：《生活·读书·新知三联书店文献史料集》，生活·读书·新知三联书店2004年版，第1369页。

③ 许觉民：《四十年话旧说新》，《风雨故旧录》，上海教育出版社2002年版，第210—211页。

其出身分为三大类，认为三类编辑存在着思想政治与文化水平较少两全的问题。①1949年前后，文化人北上成为一种潮流。据当时在上海的贾植芳回忆，当时文化部、人文社"招兵买马"，很多文人赴京。②虽然由多个机构的人员重组而成，但作为新成立的出版机构，人文社人才仍然极缺。1951年3月8日，出版总署署长胡愈之宴请刚上任的冯雪峰，叶圣陶、黄洛峰、叶蠖生等作陪。"谈次共谓人才难得，成立文学出版社，实颇单薄。"③在6月5日首次社务会议上，冯雪峰谈及筹建中的人员状况时曾说："总编辑由本人担任，副总编辑现在已由上级聘有冯至、曹靖华、张天翼、周立波、聂绀弩五位同志。各编辑部已经有一些，但有力的人不多；副总编辑也有四位是兼职的。现在打算再找社外专家，并与几个丛书编辑委员会合作。……（四）现在情况。可说还在筹备阶段，已有工作人员八十七人。编辑部尚在建立之中（已有四十六人），经理部则大体已建立起来了（已有四十一人）。我们的困难是：（1）人员不够。……"④深感于人才"单薄"，冯雪峰加快了人才引进步伐。值得注意的是，由于负责人冯雪峰的革命资历与个性，人文社早期引进人才的方式，颇有着与当时单位组建所要求的高度组织化稍异的同人化色彩。

---

① 《出版社内组织编辑工作的经验》，载袁亮主编：《中华人民共和国出版史料·9，1957—1958》，中国书籍出版社2004年版，第96页。

② 2006年6月21日杜英对贾植芳的采访。转引自杜英：《重构文艺机制与文艺范式（上海，1949—1956）》，上海三联书店2011年版，第28页。

③ 《叶圣陶1951年3月8日日记》，《叶圣陶集》第二十二卷，江苏教育出版社1994年版，第174页。

④ 转引自周立民：《草创时期的人文社与新中国文学出版体制的构建——从一份社务会议记录说起》，《南方文坛》2017年第1期。

首先是人文社人才需求数量与当时人才计划化分配的微妙冲突。据孙绳武回忆，时代出版社随着政治文化重心北移至京时，编译部人员面临出版管理部门的计划分配。冯雪峰表示，人文社愿意接受编译部所有从事文学翻译的人员，以充实新建的外国文学部。冯雪峰当时很忙，"平日不大出席这样的会。可是到了协商分配的那一天，他却准时到会，当场拿出一份名单，指定要这些人，几乎不容讨论。主持会议的陈克寒同志是晚辈，看他态度坚决，只得同意"。不久，孙绳武等人就到人文社报到。① 据许觉民回忆，有一次文化部开会，文化部主管人事的领导宣布说要精简机构，人员的进用开始冻结。副部长周扬要求各单位照此执行。许觉民知道冯雪峰正在为实现人文社的规划而大事搜罗人才，冻结人员必将使人文社的进人规划搁置，便走出会场打电话告诉冯雪峰。冯马上赶到文化部会场，极力争取出版社必须进人，否则无法工作。主管人事者坚持进人是以后的事，眼下必须冻结，以至于相持不下。这时周扬说："人民文学出版社的进人问题，照雪峰同志的意见办。"冯雪峰听了，平静下来，转身回去。②

其次，从人才标准来看，冯雪峰更看重的是有写作、翻译经验等专业能力的学者与专家，唯才是举。如聂绀弩，冯雪峰对楼适夷说："绀弩这个人桀骜不驯，人家嫌他吊儿郎当，谁也不要，我要！"聂绀弩个性强，独立耿直，被目为"才子"，有"文人气质"、"名士派作

① 孙绳武：《永存我心间——记雪峰，适夷，任叔同志》，载丁景唐等：《我与人民文学出版社》，人民文学出版社 2001 年版，第 98 页。
② 许觉民：《阅读冯雪峰》，载韦君宜等：《怀念集》，人民文学出版社 2011 年版，第9 页。

风",甚至被视作"大自由主义者"、"彻底的自由主义"。①1951 年 6 月调入人文社后,聂绀弩主持古典部,该部门有舒芜、张友鸾、顾学颉、陈迩冬等古典文学研究专家。他在古典文学编辑部的领导作风被舒芜称为"宽松自由",古编室由此形成了"一种非常特殊的气氛"。

再次,从引进方式来看,50 年代中期,人文社的编辑多是经同人、同行引荐进入,或以文结缘。如顾学颉,他在《文艺报》上读到冯雪峰评《水浒传》的文章,即写信交换意见,并谈及对整理古典小说的看法。冯雪峰即复信,了解有关情况后,希望在大学教书的顾学颉到人文社工作。1952 年,顾学颉由文化部通过教育部调入。1953 年 4 月,时任南宁中学校长的舒芜,经中宣部文艺处林默涵介绍被冯雪峰调入二编室。此前,他与冯雪峰、聂绀弩也是旧识。与冯雪峰同为湖畔诗人的汪静之,新中国成立前任复旦大学中文系教授,应冯雪峰之邀,入人文社古典部当编辑。结果汪静之与编辑部主任发生矛盾,无法调和,冯雪峰只好让主任免了他的职,并对他说,免了职不要紧,可以自己在家编编诗选,又自由,稿费又高。当时稿费制度照搬苏联,编一部书稿费很多。为此,汪静之回家后准备编写《中国历代诗选》、《唐诗选》、《李白诗选》等。未料这个编写计划被古典部主任否定。汪静之又不能重回复旦,生活无着,只好靠拿作协的创作津贴过活。②因为这种同人性质,在1957 年"鸣放"中,多有人批评人文社形成了一个"自己圈子"。③

---

① 王培元:《聂绀弩:"我将狂笑我将哭"》,《在朝内 166 号与前辈魂灵相遇》,人民文学出版社 2007 年版,第 34—54 页。

② 高晔:《汪静之口述小传》,《新文学史料》2006 年第 1 期。

③ 王崇文:《人民文学出版社为谁服务》,《文艺报》1957 年第十号。

最后，与同人化人才引进方式类似，在作者的使用方面，冯雪峰也颇有其"随性"之处。最典型的是对待周作人。1920 年代，冯雪峰在北大旁听，自学日语，与时任北大东方文学系系主任的周作人有过交往。周作人"落水"之后，冯雪峰对此深为痛心。1949 年后，冯雪峰并不以人废文，而是实事求是地肯定周作人文学上的成就和价值，对其写作、翻译和出版以及生活力所能及地给予照顾。冯雪峰听说唐弢曾经与周作人通信。当时正在筹建上海鲁迅纪念馆，冯雪峰估计八道湾十一号还有鲁迅的遗物，就建议唐弢不妨维持与周作人的通信关系，"希望从他那里弄到有关鲁迅的材料；如果他能讲一点，写一点，自然更好了"。冯雪峰还协调和支持周作人在上海出版公司出版其回忆文章集子《鲁迅的故家》、《鲁迅小说里的人物》和编译的《希腊女诗人萨波》等。冯雪峰出任人文社社长后，又重排出版《鲁迅的故家》、《鲁迅小说里的人物》二书。1952 年，冯雪峰派王士菁去和周作人接触，要他对周作人多做工作，又征得领导的同意，由人文社把周作人的译稿全部买下来，每月先付给他两百元生活费，其余部分在出书后结算。周作人为人文社翻译了大量外国古典名著，这与冯雪峰的做法分不开。① 冯雪峰对胡风也是如此。50 年代，冯雪峰同楼适夷去看胡风，请他为人文社翻译日本作家的作品，并把目录给了他，随他自己选择。胡风知道冯雪峰是为了照顾他的生活，因为当时他写别的文章不能发表。②

---

① 乔丽华：《周作人日记中的冯雪峰——兼谈冯雪峰的周作人论》，载上海鲁迅纪念馆编：《回望雪峰》，上海文艺出版社 2005 年版，第 425、433 页。

② 胡风：《深切的怀念》，载包子衍、袁绍发、郭丽卿、王锡荣编：《冯雪峰纪念集》，人民文学出版社 2003 年版，第 49—50 页。

尽管人民政府机构创建之初，人事工作不尽规范；大学教育没有完全正常化，人才供给不足；过渡时期文化机构的构成往往有随意、非组织化的成分，但与民国文化人群体更多同人化聚集不同，新中国成立后，单位成为主要的社会管理力量，单位运作方式组织化、规范化、政治化，成为必然的趋势。冯雪峰在人文社创建初期引进人才的方式，固然有过渡时代的特色，但主要与他本人沿袭同人群体习惯、以文人性格率性处理"公务"的做法有关。在随后的"反右"等政治运动中，这种经由具有一定传统伦理色彩的关系方式、同人化方式引进人才的做法，及其所形成的单位构成，被批判为"宗派主义"、"独立王国"、"右派小集团"。①

1969 年 1 月 13 日，冯雪峰在"交代我在旧人民文学出版社推行反革命修正主义路线的罪行"时，一再批判自己"用人方面招降纳叛的罪行"②。虽说这是冯雪峰在特殊情境下的自贬之词，但多少折射出人文社早期人才引进的方式以及这一群体的特点。在文学与出版"一体化"的时代氛围中，冯雪峰及早期人文社同人化的聚集方式，显得十分独特而又不合时宜。

（二）出版机构的规范化建设

在引进人才的同时，冯雪峰加强了人文社机构的规范化建设。

其一是成立完善的编辑部门。据人文社社务会议记录所附的

---

① 聂绀弩：《检讨》，《聂绀弩全集》第十卷，武汉出版社 2004 年版，第 283—296 页。
② 冯雪峰：《交代我在旧人民文学出版社推行反革命修正主义路线的罪行》，《冯雪峰全集（九）》，人民文学出版社 2016 年版，第 282—284 页。

《人民文学出版社一九五一年度编制表》，人文社规划中的部门架构如下①：

社长（1人） 副社长（2人） 社务委员会 （11—13人） 计：195人	总编辑（1人） 副总编辑（7人） 计：95人	现代中国文学编辑部	主任、副主任各1人， 共12人
		中国古典及民间文学编辑部	主任、副主任各1人， 共13人
		通俗读物编辑部	主任、副主任各1人， 共8人
		外国文学编辑部	主任1人、副主任2人， 共28人
		世界文学月刊编辑部	主任、副主任各1人， 共8人
		其他专业编辑部	人数暂未定
		总编室（主任、副主任各 1人）共18人	秘书科4人
			原稿整理科3人
			资料科7人
			美术科2人
	社长室（秘书3人） 计：33人	行政科	共27人
		人事科	共3人
	经理部（主任1人， 副主任2人） 计：64人	图书出版科	共11人
		杂志出版科	共11人
		图书校对科	共15人
		杂志校对科	共10人
		推广科	共3人
		主计科	共10人
		秘书	1人

据楼适夷回忆，其编辑机构与负责人具体如下：

一编室：中国现代文学，严辰（厂民）任主任。后严辰去从事专业创作，由方白接任。

二编室：中国古典文学和民间文艺，贾芝负责。后贾芝去民间文

---

① 转引自周立民：《草创时期的人文社与新中国文学出版体制的构建——从一份社务会议记录说起》，《南方文坛》2017年第1期。

艺研究会，由聂绀弩分管并兼任。

三编室：外国文学，总编室主任代分管，副主任分别为刘辽逸与朱葆光，后为孙绳武。

四编室：鲁迅著作编刊室，冯雪峰直接领导，王士菁为副主任。

五编室：王任叔来后扩大，翻印古籍，对外用"文学古籍刊行社"副牌。

总编室：负责书稿交总编或副总编签发。

办公室、出版部：许觉民负责。[①]

按冯雪峰后来的回忆，人文社成立时出书拟分四个方面，同时拟成立四个编辑室：第一编辑室——现代文学（当前创作兼五四以来的较优秀的作品），第二编辑室——中国古典文学，第三编辑室——苏联及东欧等社会主义国家文学，第四编辑室——资本主义国家及其他各国文学。以后基本上就是朝向这四个方面选稿、组稿和出书。[②] 这一说法，与楼适夷的回忆大同小异。

50 年代，出版总署加快了出版机构规范化的进程，对国营出版社编辑机构及其工作制度作出规定，要求设立以总编辑为首、有若干编辑人员的编辑部。[③] 人文社机构的创设，体现了总署对出版机构规范化的要求。

---

① 楼适夷：《零零碎碎的记忆——我在人民文学出版社》，载屠岸等：《朝内 166 号记忆》，人民文学出版社 2016 年版，第 362—363 页。

② 冯雪峰：《关于人民文学出版社成立初期的情况》，《冯雪峰全集（九）》，人民文学出版社 2016 年版，第 319 页。

③ 《出版总署关于公营出版社编辑机构及工作制度的规定》，载袁亮主编：《中华人民共和国出版史料：1952 年卷》，中国书籍出版社 1998 年版，第 200—201 页。

其二是在设置编辑部、总编辑之后，成立了编辑委员会。1955年，冯雪峰起草了编委会方案：

一，人民文学出版社因业务日益发展，必须加强编辑力量，并为了取得文学界的协助和合作，特设立主要以文学界的作家和专家组成的编辑委员会。

二，编辑委员会为常设机构，为人民文学出版社编辑部最高权力机关。其主要职责是确定编辑业务方针、选题计划、有关重要文集、名著的出版，审查和评定用人民文学出版社名义出版的书籍，以及讨论其他重大的问题。

三，编辑委员会以下列人选组成之：

（1）中共中央宣传部文艺处代表一人。

（2）中央人民政府文化部、出版事业局代表二人。

（3）军委总政治部文化部代表一人。

（4）聘请各业务范围有关的专家、顾问三人至五人。

（5）中国作家协会常务理事会代表三人。

（6）本社正副总编辑。

在上述人选中由中共中央宣传部、中央人民政府文化部确定一人为主任委员。为便利经常工作的进行，确定五人为常务委员。

四，编辑委员会委员，有责任审读人民文学、作家、外国文学、古籍文学等出版社的文稿或推荐专家审读。上述各出版社均应支出审读者相当的报酬。

五，编辑委员会每三个月举行会议一次，必要时由主任委员决定将临时召集之。

六，本方案（草案）得中共中央宣传部、中央文化部、出版事业管理局批准后正式成立，并在全国性文艺刊物上公布之。①

三、"古今中外，提高为主"

（一）开放的文艺观念与"古今中外"的出版格局

人文社最早于 1951 年 4 月开始正式出书，出版了文化部编审处已经付排的《铁流》和《阿·托尔斯泰小说选集》（第一册）等。同时，陆续接手编审处移交来的稿子。此外，由文化部组织并已经在开明书店出版的"新文学选集"十多种、1949 年 5 月起由新华书店陆续出版的"中国人民文艺丛书"60 种、已经开始在三联出版的"文艺建设丛书"也决定转到人文社出版。②

人文社建社之初，冯雪峰将其出版方针确定为"古今中外，提高为主"，"提出了要出版中外文学名著，不仅要有延安以来的工农兵优秀文艺，还要整理出版'五四'以来的新文学；不仅要有现代的文学，还要着手古代文学遗产的整理；不仅要有苏联文学，还要有欧美等国家的古典名著和现代名著的系统介绍"。这个出版方针，在 50 年

---

① 《冯雪峰全集（六）》，人民文学出版社 2016 年版，第 428 页。
② 冯雪峰：《有关旧"人文"初期反革命修正主义出版路线形成的一些材料》，《冯雪峰全集（九）》，人民文学出版社 2016 年版，第 178 页。

代非常新鲜。①人文社成立之初专业编辑室的设置，与"古今中外"
四字方针的确定相关，如编辑舒芜所说，不像过去解放区，只局限于
出版解放区和苏联的作品，而是古今中外文学作品都要出，"这在当
时也是令人一新思路的"。为了体现这个方针，人文社的编辑室设置
与之相对应，分别为中国现代文学编辑部、中国古典文学编辑部、苏
联东欧文学编辑部、欧美及其他外国文学编辑部、鲁迅著作编辑室五
个部门。②许觉民按照这个方针与布局向周扬汇报，得到其肯定，并
被要求拿出一个具体规划来。1951 年 4 月 28 日，周扬在代表文化部
所做年度工作报告中提出，为了改变文艺书籍出版无计划、无领导的
"自流状态"，成立了国营性质的人文社，目的在于"有计划地出版中
国现代和古代的文学、世界古典的和进步的文学"，促使整个文艺出
版事业得到正常的、健全的发展。③

　　以此为方针努力擘画、建设，至"文革"前，人文社形成了文学
出版宏大的规模与格局：古代文学代表性出版有"四大名著"整理本、
"中国古典文学读本丛书"、"中国古典文学基本丛书"、"中国古典文
学小丛书"、"中国古典文学理论批评丛书"、"中国古典文学理论批评
专著选辑"、"中国历代文论选"、"中国戏曲史料丛刊"等；现当代文
学有鲁迅著作，瞿秋白、郭沫若文集，"新文学作家选集"等，以及

---

　　①　许觉民：《阅读冯雪峰》，载韦君宜等：《怀念集》，人民文学出版社 2011 年版，第 9
页。另见郑效洵回忆："人民文学出版社创办伊始，雪峰同志就提出了'中外古今，提高为
主'的办社方针。"郑效洵：《最初十年间的人民文学出版社——忆冯雪峰、王任叔同志》，《新
文学史料》1991 年第 1 期。

　　②　舒芜：《大寿薄礼》，屠岸等：《朝内 166 号记忆》，人民文学出版社 2016 年版，第
383 页。

　　③　《中央人民政府文化部一九五零年全国文化艺术工作报告与一九五一年计划要点》，
《人民日报》1951 年 5 月 8 日。

"中国人民文艺丛书"、"文艺建设丛书"、"文学小丛书"、"文学初步读物"等以工农兵文学为主的大众化丛书；外国文学则有大量苏联文艺图书、《莎士比亚戏剧集》以及擘画中的"三套丛书"（"马克思主义文艺理论丛书"、"外国古典文艺理论丛书"、"外国古典文学名著丛书"）等。王士菁最深切的感受，是人文社出版工作"不仅范围十分广泛，而且大都没有先例可援"。对《水浒传》、《红楼梦》等古代白话小说以及瞿秋白、郭沫若和茅盾的作品加以校勘和注释，都是前所未有的，"使之普及到广大的读者中间去，产生不可估量的鼓舞人民、教育人民的作用"。辑录和校勘古代作家作品，早已有之，但翻译和出版外国著名作家的全集，则是从人文社开始的。"可以说，不论对于古今中外的作家作品的整理注释还是翻译介绍的工作，都大开风气之先。"①

"古今中外"出版格局的定位，与冯雪峰开放的文艺观念相关。文化民族化与大众化曾是中国共产党人在 20 世纪 40 年代讨论的中心议题之一。作为该讨论的重要参与者，冯雪峰始终认为，只有用平等、开放的态度来面对一切中外文学遗产，才能促成民族新形式的诞生。民族形式的创造与成长的过程，就是"旧的和外来的形式之'现代化'和'民族化'的过程"。古代《水浒传》等富有人民性、大众性的通俗性极强的作品、世界进步性的古典杰作和现代世界革命文艺，都是借鉴与取法的对象。与经常有人对"旧形式"与"欧化"加以批判不同，冯雪峰认为，"旧形式的利用"与"欧化"，即中国旧形式的蜕化与外来形式的中国化，"这两种主要的'化'的过程

---

① 王士菁：《一个愿望——纪念人民文学出版社成立五十周年》，载丁景唐等：《我与人民文学出版社》，人民文学出版社 2001 年版，第 26—27 页。

是成长的过程，是民族形式和高度通俗性的人民大众文艺创造的主要的路"。① 冯雪峰认为，这一阶段以"中国人民文艺丛书"为代表的无产阶级现实主义文学内容上不够丰富和深广，艺术水平不高。而提高艺术修养，需要以开放的胸怀接纳中外文化，"过去一切优秀的文学与艺术，对于我们现在以及将来人类都是有益的一注财产，它可以丰富我们的知识和文化，也就是丰富我们的生活，并且供给我们观摩、借鉴、学习其经验和方法以创造新的文学与艺术"②。建立与发展具有"古今中外"格局的人民文学出版事业，正是推动人民大众文艺创造、提高艺术水平的重要的制度性力量。

（二）独特的文艺大众化观念与"提高为主"的出版方针

1951 年 6 月 5 日，在人文社成立后的首届社务委员会第一次全体会议上，冯雪峰除了强调在开始阶段要以整理出版延安文学作品和新的创作为首要任务外，还特意强调要把文学出版社办成一个学术性的出版机构。对于人文社的工作任务，他明确提出："（1）逐步做到成为全国文学出版的中心，提高文学出版物质量，并联系作家、进而推动全国文学出版事业的发展。（2）调查全国文学出版的情况，团结出版界，合理分工，避免出版界，尤其是翻译界过去混乱重复的现象。"③

① 冯雪峰：《论通俗》，《冯雪峰全集（五）》，人民文学出版社 2016 年版，第 241—248 页。

② 冯雪峰：《中国文学中从古典现实主义到无产阶级现实主义的发展的一个轮廓》，《冯雪峰全集（五）》，人民文学出版社 2016 年版，第 429 页。

③ 转引自周立民：《草创时期的人文社与新中国文学出版体制的构建——从一份社务会议记录说起》，《南方文坛》2017 年第 1 期。

建社初期，在以分工为主而倡导合作的规范之下，人文社与其他专业社之间，形成一种复杂、微妙的竞争关系。当时人文社在文学出版方面重要的竞争对手，主要是中国青年出版社。作为团中央所属出版社，中青社一直注重出版对青年具有教育意义的文学图书。"十七年"中，中青社以出版《红岩》、《红日》、《创业史》、《红旗谱》等红色经典而知名。人文社与中青社之间，经常形成竞争稿件的局面。如长篇经典小说《红日》由中青社转到人文社，而《创业史》则由人文社转到中青社。凭借长篇小说《种谷记》、《铜墙铁壁》等成名的作家柳青，不留恋大城市生活，返回陕西农村。中青社编辑黄伊，受社长江晓天指派，辗转火车、长途汽车，后又步行山路，到长安县柳青家中，说服柳青签订了《创业史》约稿合同。黄伊回到北京后，中国作协的一位书记才赶到西安，坐着小汽车去看望柳青，想替人文社约稿，"柳青只得无可奈何地耸耸肩膀了"[1]。1953 年 5 月 27 日，冯雪峰向中宣部打报告，认可在"我社目前本身力量不足，自不能将所有的文艺书籍的出版任务全部承担起来"的情况下，中青社与时代社[2]"分担一定的出版任务，是必要的和合乎客观需要的"；但两社由于分工不明，互不通气，在一般性创作、苏联文学翻译作品出版上与人文社造成重复、浪费与冲突，因此建议：

（一）原则上确定凡以青少年、儿童为主要对象的文艺读物，均由中国青年出版社出版；苏联文学中非主要的一般性的部分，可由时代出版社出版一部分。

---

① 黄伊：《我在中国青年出版社的难忘岁月》，《出版科学》1999 年第 1 期。
② 此为大多人员并入人文社后，保留的出版中苏友好读物的新的时代出版社。

（二）但是，应当确定我社是出版文学书籍的专业出版社，因此关于中国青年出版社及时代出版社二家的选题及出版计划中的文学书籍部分，应于事先与我社协商分工，不论是经该二家或我社组织的稿件，凡适合中国青年出版社出版者，即全部让与该社；苏联文学方面，政治性艺术性较高的作品，应统一由我社出版，一般性的则可以让一部分由时代出版社出版。由此避免重复浪费及专业出版上之混乱。

以上初步意见，是否可行，请你部考虑后给予指示。如属可行，则拟请你部召集上述二出版社及我社举行会谈，协商具体执行的办法。[1]

从上述"我社"、"你部"、"应"之类的措辞，以及"确定我社是出版文学书籍的专业出版社"、"应于事先与我社协商分工"、"应统一由我社出版"等诉求，可以看出冯雪峰对人文社在当代文学出版的中心指导地位的强调。

关于人文社建社之初冯雪峰定下的"提高为主"，强调"学术性"、"质量"、"中心"等出版标准，人文社许多员工印象深刻。冯雪峰与胡乔木商定出版方针时，认为人文社应与地方出版社不同，应以提高为主，实行"提高指导下的普及"，要"中外古今全面发展"。[2] 据蒋路回忆，冯雪峰在领导人文社期间，经常指出，青年作者文化教养不

---

[1] 冯雪峰：《给中共中央宣传部的报告》，《冯雪峰全集（六）》，人民文学出版社 2016 年版，第 425—426 页。

[2] 许觉民：《阅读冯雪峰》，载韦君宜等：《怀念集》，人民文学出版社 2011 年版，第 9 页。

足的通病，在于误以为延安文艺座谈会后才开始有文学，而对于外国的东西更是一片茫然。因此他主张系统地介绍古今外国名著。① 韦君宜亦记得冯雪峰说过："古人和外国人积累了几千年的文艺财富，应该让文艺青年学，不能只用革命两字就把人家全否定。"② 以"提高为主"的方针，在当时得到出版管理部门的认同，如时任出版总署署长的胡愈之曾经对冯雪峰的努力表示肯定，说人文社"搞得很不错"，特意指出冯雪峰有眼光、有魄力，出版了许多优秀的文艺书籍，拒绝了不少"有来头"却达不到出版水平的书稿。③ 胡乔木对这一方针，亦表示"很同意"④。

作为出色的革命政治家，冯雪峰对于文艺与政治关系及与其相关的文艺大众化等问题有着深刻的认识并积极地践行。早在"左联"发起的多次文艺大众化大讨论中，冯雪峰就是重要的参与者与推动者。对文学大众化运动中出现的"以为问题不在文学上，而在工农大众的文化水平上，文学如果要大众化，则无异拿文学去迁就大众，这是使文学降低"的认识，冯雪峰曾加以严厉批评，认为这"显然是把欧化文学的形式，来当做文学程度的标准，这是错误的见解"⑤。他认为，所谓"民族革命战争的大众文学"，"大众文学"四字值得注意，"大众"二字在文学内容上有"人民大众"之意，在文学形式上就应力求

---

① 蒋路：《只留清气满乾坤》，《蒋路文存》，人民文学出版社 2004 年版，第 647 页。

② 韦君宜：《纪念冯雪峰同志》，载韦君宜等：《怀念集》，人民文学出版社 2011 年版，第 30 页。

③ 胡愈之：《我所知道的冯雪峰》，载包子衍、袁绍发、郭丽卿、王锡荣编：《冯雪峰纪念集》，人民文学出版社 2003 年版，第 138 页。

④ 许觉民：《阅读冯雪峰》，载韦君宜等：《怀念集》，人民文学出版社 2011 年版，第 9 页。

⑤ 冯雪峰：《论文学的大众化》，《冯雪峰全集（五）》，人民文学出版社 2016 年版，第 67 页。

大众化。在民族革命战争中，文学的一个巨大任务，就是在知识青年和学生等读者之外，"多量的写作唱本，演义，连环图画等等的大众读物"①。对于《在延安文艺座谈会上的讲话》所倡导的"工农兵方向"，冯雪峰 40 年代在重庆时就认为，"既然为工农兵写作，则普及是最首要的；大众化的过程必须先肯定在普及的基础上提高"②。50 年代，冯雪峰对于普及与提高的关系，更有着清醒的认识。如 1952 年，冯雪峰曾检讨文艺界存在"脱离工农兵路线的'提高'"，是"种种不正确的所谓'提高'"。③

但是，与同属左翼阵营的其他人稍异，冯雪峰对大众化的认识及其现实主义理论，相对表现出一丝个性化的色彩：他对当时人民文学的成就评价相对偏低。在肯定新中国文艺有一定成绩的同时，冯雪峰更理性地强调、直面文艺的落后与不足。1953 年 12 月 30 日第二十四号《文艺报》刊登冯雪峰著名文章《英雄和群众及其它》，对新中国成立后的"创造人物形象"、"典型化与理想化"等文艺问题进行了批评。文中说，"我们已经出版和发表的作品，在数量上不能说少，但大部分水平都还很低"，"同时又存在着一种行政方式的和主观主义的领导"，等等。④1953 年 6 月 17 日，冯雪峰在中华全国文学工作者协会关于社会主义现实主义学习座谈会的总结发言中，也多

---

① 冯雪峰：《对于文学运动几个问题的意见》，《冯雪峰全集（五）》，人民文学出版社2016 年版，第 105 页。

② 冯雪峰：《论民主革命的文艺运动》，《冯雪峰全集（四）》，人民文学出版社 2016 年版，第 21 页。

③ 冯雪峰：《必须坚持工农兵方向》，《冯雪峰全集（五）》，人民文学出版社 2016 年版，第 367 页。

④ 冯雪峰：《我们的任务和问题》，《冯雪峰全集（六）》，人民文学出版社 2016 年版，第 29—30 页。

有"创作落后于时代的要求，落后于现实生活"、"今天刊物上发表的作品，与高中、初中的作文差不了好多"等等表述。① 对著名的人民文学样本"中国人民文艺丛书"，冯雪峰认为它们的优点是"一般地都赋有群众性和新的民族风格的萌芽"，而"主要弱点，实际上是我们的能力和水平问题"，就是"内容上不够丰富和深广，艺术水平还低下"。② 他在《文艺报》1953 年第一号的社论中直言，三年多来，文艺创作不多，优秀的作品更是不多；人民对文艺工作者的粗制滥造以及公式化、概念化的作品等，大为不满；在国家大规模建设开始的新的历史时期，"我们文艺还远远落在人民的高度要求之后"。③ 1954 年 10 月 1 日，冯雪峰在《人民日报》发表文章，对全国五年来的文学创作进行评价："十分显然，我们的成就离我们人民所希望的是太远了"，"各种各样的公式主义的错误，在我们也是一个严重的问题，因为这也是妨碍我们文学的健康发展和斗争性的提高的"。④ 1954 年 10 月 25 日至 12 月 11 日，冯雪峰在中国作家协会与中央电影局联合举办的电影剧本创作讲习会上发表讲话，再次批评"几年来我们作品中的公式化、概念化问题"以及思想上的教条主义。⑤

---

① 冯雪峰：《关于目前文学创作问题》，《冯雪峰全集（六）》，人民文学出版社 2016 年版，第 25 页。

② 冯雪峰：《中国文学中从古典现实主义到无产阶级现实主义的发展的一个轮廓》，《冯雪峰全集（五）》，人民文学出版社 2016 年版，第 426 页。

③ 冯雪峰：《克服文艺的落后现象，高度地反映伟大的现实》，《冯雪峰全集（六）》，人民文学出版社 2016 年版，第 3—5 页。

④ 冯雪峰：《五年来我国文学创作的发展方向》，《冯雪峰全集（六）》，人民文学出版社 2016 年版，第 181—185 页。

⑤ 冯雪峰：《创作上的几个问题》，《冯雪峰全集（六）》，人民文学出版社 2016 年版，第 196 页。

在 1955 年，冯雪峰对文艺成就的评价有所改变。在谈到概念化问题时，他说："这几年来，我们在创作上是有成绩的，而且成绩是不小的。……第一，不可以笼统地说我们所有一切的作品都有公式化、概念化的倾向，或者甚至说我们的作品都是公式化、概念化的。……我们现在非常需要具体地、细致地、深刻地分析作品的批评工作。第二，公式化和概念化的现象，当然是存在的，而且也确实是一种严重的现象；但这也不是临时发生的，我们必须找出它的根源来，而尤其需要我们长期间的学习和奋斗才能克服。……从未成熟到成熟，需要长时间的学习和奋斗。"① 但到 1956 年，受"百花齐放，百家争鸣"氛围的影响，冯雪峰对文艺的评价再次表现出偏低的态度。在当年 1 月 21 日至 2 月 1 日召开的文学期刊编辑会议上，冯雪峰认为，努力让新生作家成熟起来，使其有更大的成就，刊物在这方面负担着很重大的任务。冯雪峰自认在过去的出版工作中的缺点之一，是对古典文学作品注意不够。他指出新作家正需阅读这些作品，以提高文学艺术修养。他赞同刘少奇对"土作家"的批评，"就是眼光浅、狭隘、知识贫乏。有些作家好像认为我们的文学艺术是从延安文艺座谈会之后，或是从接受苏联文学艺术作品之后才有发展，他们忽视了我们文学艺术的几千年来的历史传统"，"花开得好，首先要有土壤。……发展文学艺术不能靠白手起家，需要继承优秀的文化遗产。中国文学、外国文学，我们都要紧紧拥抱。这是一个根本问题。……文艺家应该懂得世界文学。还有一些理论问题的探讨，应该向经典作家去

---

① 冯雪峰：《关于创作中的概念化问题》，《冯雪峰全集（六）》，人民文学出版社 2016 年版，第 252 页。

学习"。①

对人民文学创作与服务的主体"人民",冯雪峰不回避其有落后的一面。在《论民主革命的文艺运动》一文中,冯雪峰认为"人民""有进步的一面,也有落后的一面;有光明的一面,也有灰色的一面;有要求解放的战斗的一面,也有依然被封建意识束缚着的一面"。因此,他强调文艺家要有"明澈坚强的批判力"。②对人民的文化需求不仅要努力满足,更应以创作、出版来正确引导,从而推动其提高。

对人民文学并不一味拔高,对人民的落后的一面有着清醒的认识,这是冯雪峰因其独特人生经历,主要是深受五四启蒙传统影响尤其是鲁迅的影响而形成的。冯雪峰赞成普及的重要性,"既然为工农兵写作,则普及是最首要的;大众化的过程必须先肯定在普及的基础上提高"。但他同时强调:"要使民众起来,也非提高民众的文化水平不可;同时要实现科学的新生活的理想,尤非先除去广大的愚昧的落后状态不成","普及是大众化的首先的要求,而且在普及基础上的提高也是大众化的要求。这是大众化的切实的途径"③。在文艺创作创造方面,"不能脱离群众,也不能向落后现象投降"④。冯雪峰坚持认为,本质的大众化并非通俗化,更不是新文化的"降级",而是形式的通

---

① 冯雪峰:《在文学期刊编辑工作会议上的讲话》,《冯雪峰全集(六)》,人民文学出版社 2016 年版,第 347—348 页。
② 戚学英:《"人民"话语与阶级—民族国家想象——1940—1970 年代文学中"人民"话语的建构》,《江汉论坛》2014 年第 5 期。
③ 冯雪峰:《论民主革命的文艺运动》,《冯雪峰全集(四)》,人民文学出版社 2016 年版,第 14—22 页。
④ 冯雪峰:《论民主革命的文艺运动》,《冯雪峰全集(四)》,人民文学出版社 2016 年版,第 22 页。

俗性与内容的人民性相一致。① 冯雪峰对人民文艺当时状况的判断与评价，以及其独特的大众化思想，构成了他编辑出版"提高为主"理念的思想基础，影响着他对社会主义文学出版方案的设计。

（三）"普及"与"提高"

如何辩证处理普及与提高的关系，是当代人民出版实践中的重要命题与难题。新中国成立后，教育人口不足的状况，决定了在社会主义建设的过程中，迫切需要以通俗易懂的形式高效地进行思想传播与社会动员。大众化、普及化叙述，被树立为一种全国性文艺范型。借助国家力量，大力践行普及与通俗化，一直是人民出版事业的内在规范之一，也是人民出版事业重要的政治性任务。在党和政府的引导与推动下，通俗读物②普及化，成为新中国出版史上的突出现象。有着浓郁时代性特征的通俗小丛书风行一时，如"红旗飘飘丛书"、"通俗文艺小丛书"、"农村图书室文艺丛书"、"工农兵文艺丛书"、"工农兵创作丛书"等。从 1950 年上半年到 1951 年上半年，通俗读物在全部出版物中的比例由 24.7%上升到 41.9%，通俗期刊增加 49 种。③ 出版发行部门仅在 1952 年下半年，就供应冬学和成

---

① 冯雪峰：《论通俗》，《冯雪峰全集（五）》，人民文学出版社 2016 年版，第 241—242 页。

② 在今天的出版管理体系与主流文化话语中，通俗读物有确定的指向和明确的分类，其主体为政治类通俗读物。但在新中国初期，通俗读物涉及时政、文史哲、教育、科学等各个方面，选题广泛，内容丰富，多为小开本、小篇幅册子。

③ 叶圣陶：《为提高出版物的质量而奋斗》，载袁亮主编：《中华人民共和国出版史料　第三卷：1951》，中国书籍出版社 1996 年版，第 217—244 页。

人识字班用文化课本和通俗读物 2.7 亿余册。^① 从 1950 年到 1956 年，各种通俗读物出版了 2.2 万余种，共印行 7.25 亿册。^② 尤其是为了开展农村新文艺运动，推动"社会主义新文艺下乡"，出版界在农村文艺读物出版发行方面投入大量人力、物力、财力，为世界出版史所罕见。^③

作为从左翼文艺运动中成长起来的文艺理论家，冯雪峰对普及工作有着深刻的认识。在从事人民文艺出版工作时，普及成为其努力践行的原则。早在 50 年代初，为培养青年作家，冯雪峰主编了一套"文艺创作丛书"。丛书主要汇集收录 40 年代末至当时的工农兵文艺作品，由新华书店华东总分店及随后的华东人民出版社出版发行，冯雪峰担任编委会主任委员，杨立平、魏金枝等担任审稿人。1951 年 5 月 22 日，冯雪峰致信王士菁，要求他对"文艺创作丛书"稿子"审稿须更严格一点，主要还是政治和思想方面"。但另一方面，冯雪峰对书稿又持宽容态度。有人不满意丛书中收录的哈华的《浅野三郎》一稿，说有问题。冯雪峰说："这丛书，当初标准是有意放宽些，不仅水平有意放低些，就是思想上也不要求太高，这是为了使这些作品有发表的机会。这用意，以后还要继续，但可以逐步逐步严格起来。"^④ 有人认为某些作品不成熟，不应编入

① 方厚枢：《出版工作七十年》，商务印书馆 2015 年版，第 71 页。

② 方厚枢、魏玉山：《中国出版通史·中华人民共和国卷》，中国书籍出版社 2008 年版，第 69 页。

③ 徐志伟：《"十七年"时期农村新文艺读物的出版与传播》，《文学评论》2013 年第 4 期。

④ 冯雪峰：《1951 年 5 月 22 日致王士菁信》，《冯雪峰全集（七）》，人民文学出版社 2016 年版，第 11—12 页。

丛书，冯雪峰的态度是："不成熟，不要紧，多出几本，就会成熟起来的。"[1]1953年，工人出版社出版《工人文艺创作选集》，选编收录1949年至1952年发表于各地报刊的工人作品。冯雪峰明知这些作品"内容上还不是够丰富和充实的，作者们的思想大多还是单纯的，观察也不是已经够深刻的"，然而却"有着一种特别可宝贵的充实性和深刻性；这就是作者们对于生活的那种纯朴的喜悦和对于劳动的那种真挚的爱"。冯雪峰尤其强调选集对于普及的意义："工人出版社的这种选编和出版，是一件最有意义的工作。因为如果不选编，这些作品就依然散在报纸、杂志上，不能集为书籍流行全国了。我们文艺界没有注意这件工作，是应该感到惭愧的。但这些作品的推销不应只限于工人阶级的读者，希望发行得广一些。在我们文艺普及工作上，目前正缺少好的普及文学读物。我想，这些群众自己写的作品，以及我们已经注意到的《战士创作选》（解放军文艺丛书之一）和《朝鲜通讯报告选》等，在现在就应看作最好的普及文学读物，向群众推荐。"[2]

在出版普及工作取得重大成就的背景下，党、政府与读者仍然不断对人民出版工作者提出更高的要求。文化部在检查、报告与总结中，对出版部门常见的批评，是"把农民群众的需要估计高了"[3]，"存在着严重地忽视或轻视通俗读物出版发行的倾向"；文学出版的

① 王士菁：《一个无私的忘我的人》，载包子衍、袁绍发、郭丽卿、王锡荣编：《冯雪峰纪念集》，人民文学出版社2003年版，第308页。
② 冯雪峰：《介绍〈工人文艺创作选集〉》，《冯雪峰全集（六）》，人民文学出版社2016年版，第69—70页。
③ 陈克寒：《检查华东、中南出版工作致有关部门及负责人的信》，载袁亮主编：《中华人民共和国出版史料 1953》，中国书籍出版社1999年版，第169页。

表现，主要是出版社追求高深，"而不重视短篇创作、诗歌、剧本、民间故事、童话、神话、连环画、年画的出版"；[①] 出版机关和发行机关严重地轻视农民通俗读物的出版发行工作[②]，存在着"通俗读物不通俗"[③]的问题。在1954年，出版部署总结出版工作的不足之一，就是"虽然所谓通俗读物充斥市场，而真正适合工农群众和基层干部阅读的具有思想教育意义的图书十分缺乏"[④]。即使在要求各地出版社注意提高出版物质量的会议上，也不断强调防止忽视通俗化的倾向。[⑤] 政府不断提醒，"根据各地的通讯反映，群众对普及工作相当普遍地觉得不能满足他们的要求"[⑥]。广大读者中，不断有人在《文艺报》、《读书》等报刊呼吁"希'普及本'再普及些"，"我们要《鲁迅全集》普及本"，"更多更好地出版适合工农群众阅读的文艺作品"。[⑦]

在"普及"与"通俗"成为政治要求与压倒性价值取向的语境中，冯雪峰所倡导的人文社"提高为主"的出版方针，逐渐面临着越来越大的舆论压力，变得"不合时宜"。1951年4月28日，周扬

---

① 陈克寒：《加强通俗读物的出版发行工作》，载袁亮主编：《中华人民共和国出版史料 1955》，中国书籍出版社2001年版，第76页。

② 《文化部党组关于加强农民通俗读物出版发行工作的请示报告》，载袁亮主编：《中华人民共和国出版史料 1956》，中国书籍出版社2001年版，第12—13页。

③ 《文化部出版局关于农村读物问题的汇报提纲》，载袁亮主编：《中华人民共和国出版史料12，1962—1963》，中国书籍出版社2009年版，第185页。

④ 《出版总署关于1953年出版工作和1954年方针任务的报告》，载袁亮主编：《中华人民共和国出版史料 1954》，中国书籍出版社1999年版，第8页。

⑤ 刘杲、石峰：《新中国出版五十年纪事》，新华出版社1999年版，第53页。

⑥ 萧殷：《试论普及与提高》，《文艺报》第三卷第二期，1950年11月10日。

⑦ 读者分别为浙江楼云和、南京胡本生、齐用智，分见《读书》1958年第19期、1959年第1期。如齐用智在文中提出，人文社的《星火燎原》应该"编选一本较薄的册子"。

代表文化部所做报告提出，为了改变文艺书籍出版"存在着无计划无领导的自流状态"，成立人文社，有计划地出版中国现代和古代的文学、世界古典的和进步的文学，但还强调"应特别注意通俗文艺书刊的出版，以满足广大工农群众的需要"。1951年文化部工作计划要点之一，即加强人文社的工作力度，整顿全国文艺书籍的出版工作，调整全国文艺刊物，大量出版通俗文艺作品。① 尽管如此，总体上说，人文社的定位还是与冯雪峰提出的"古今中外，提高为主"相吻合。1952年初，人文社在总结前一年工作的基础上，明确本社出书重点是："一、当前国内创作及'五四'以后的代表作；二、中国古典文学名著及民间文艺；三、苏联及新民主主义国家文学名著以及世界其它各国现代进步的和革命的作品；四、近代和古代的世界古典名著。"② 为了进一步明确中央一级各出版社的专业分工，1952年7月15日，出版总署向中宣部呈交《出版总署关于中央一级各出版社的专业分工及其领导关系的规定（草案）》，其中规定人文社是"国家的文学书籍出版机构"，其任务为："（1）编辑出版现代中国的文学作品；（2）编译出版文艺理论和文学史；（3）编选出版五四以来的重要文学作品；（4）编选出版优秀的通俗文学读物和民间文学作品；（5）校勘整理、翻印古典的文学名著；（6）翻译出版苏联、新民主主义国家的重要文学作品；（7）介绍资本主义国家的进步文学作品；（8）译校出版外国的古典

---

① 《中央人民政府文化部一九五零年全国文化艺术工作报告与一九五一年计划要点》，《人民日报》1951年5月8日。

② 《人民文学出版社四十年大事记》，《人民文学出版社建社四十周年（1951—1991）》（自印本），1991年版，第97页。

文学名著；（9）出版文学期刊。"①1954年初，王任叔来人文社担任副社长兼副总编辑，协助冯雪峰主持出版社工作，他也主张以提高为主。②经过商量，确认人文社的出版方针为："多出反映我国社会主义建设和社会主义改造过程中的劳动人民的斗争和生活的作品，以及反映部队战士生活和斗争的作品；多出从思想上以社会主义精神教育和改造我国人民的苏联的现代作品；多出有关国际和平运动和配合我国的国际斗争的政治任务的作品；有步骤地整理和重印中国古典文学，有系统地介绍外国优秀作品，为发展我国的社会主义现实主义文学创造条件；尽力发掘和推荐青年作家和工农作家的作品；发掘和推荐反映各少数民族生活的作品以及各少数民族的创作。"③总体来说，从冯雪峰到王任叔、严文井等，都坚持了"提高为主"的办社方针。

1958年，为了提拔新人、多出新作，人文社决定成立副牌"作家出版社"，以便出版更多的中外古今有待读者考验的作品，重点出版当代新创作。经上级批准，人文社出版任务略调整为：

1. 选拔出版后经过一定时间考验的优秀新创作。

2. 整理和出版五四以来新文学中有定评的作品。

3. 出版外国有定评的现代优秀作品。

---

① 袁亮主编：《中华人民共和国出版史料：1952年卷》，中国书籍出版社1998年版，第96—97页。

② 郑效洵：《最初十年间的人民文学出版社——忆冯雪峰、王任叔同志》，《新文学史料》1991年第1期。

③ 《人民文学出版社概况》，《人民文学出版社五年出版规划草案（1958—1962）》（自印本），1958年版，第3页。

4. 出版中外古典文学名著。①

尽管有新成立的作家出版社分工互补，并强调"经过一定时间考验"、"定评"、"优秀"、"名著"等，但事实上，人文社的选题开始明显呈现出普及化的倾向。如为了出版自《在延安文艺座谈会上的讲话》发表至当时的优秀作品，人文社在1958年推出"新创作"丛书，其第一批的编辑说明即凸显了对"普及"的重视与强调：

自本年八月起，作家出版社已由我社分出，改归作家协会领导。在分工方面，经上级规定，作家出版社主要出版新创作；我社在新创作方面，则以选拔出版全国各出版社出版后经过一定时间考验的优秀作品为主。目的是显示我国当前创作界所达到的现实水平和发展情况，向广大文学爱好者和研究者推荐优秀作品。我们选拔的标准是：

一、选拔标准不能脱离当前创作界所达到的现实水平，应视现实水平逐步提高而提高。

二、应首先重视作品所反映的人民斗争生活的政治内容，然后兼顾其艺术造诣的一定水平。其中反映三十多年来的人民革命战争和反映当前社会主义革命和社会主义建设的作品，应更重视。

三、应重视来自工农群众的文化高潮中的优秀作品及各种民间文学作品，可编选为各种合集。

---

① 《人民文学出版社概况》，《人民文学出版社五年出版规划草案（1958—1962）》（自印本），1958年版，第3页。

四、发掘少数民族区域的神话、叙事诗、民间文学等等的丰富宝藏，以丰富我国民族大家庭的文学遗产。

五、工农作家的作品、青年作家的作品、少数民族作家的作品应放宽尺度，得到更多选拔的机会。

六、优秀的儿童文学作品应给以高度的重视，选拔出版。

七、风格力求多样化，但具有民族形式的传统、思想性强的、群众性广泛的作品，应在选拔时作为重要标准之一。①

"新创作选拔本"后来共出版 47 种，包括赵树理的《三里湾》、老舍的《龙须沟》（话剧）、马烽与西戎的《吕梁英雄传》、知侠的《铁道游击队》等广为人知的作品。在 1958 年的规划中，为了"掌握工农兵方向"，在总结前一阶段工作的基础上，人文社对选题标准和出版的轻重缓急作出具体安排，其中就"新创作"作出说明："新创作选拔的目的，在于定期总结我们社会主义文学的成就和它所达到的高度，因之，选拔标准必须视创作界所达到的水平逐步提高；一般不宜太严格。但所选作品，客观上必然会起指导普及的作用；因之，必须善于在大量的群众创作的基础上，发现共产主义文学的幼芽，以显示我们文学发展的方向。同时，在选拔时还须注意作品的中国气派与中国作风以及革命浪漫主义和革命现实主义的风格。"②其中特意强调"不宜太严格"、"群众创作的基础"等。随着"大跃进"、"文

---

① 《新创作第一批选目编辑说明》，《人民文学出版社五年出版规划草案（1958—1962）》（自印本），1958 年版，第 111 页。

② 《人民文学出版社概况》，《人民文学出版社五年出版规划草案（1958—1962）》（自印本），1958 年版，第 4 页。

革"等运动的到来，冯雪峰等倡导的"提高为主"方针受到批判。在"文革"中，冯雪峰不断检讨，一个重要的原因，就是被指责倡导"提高为主"，"抵制普及"。

曾任人文社社长的潘凯雄在纪念文章中说，之所以视冯雪峰为出版家，不是因为他曾是新中国第一家文学专业出版社人文社的重要创始人，并曾担任它的首任社长兼总编辑这样一种职业身份。判断是否为出版家另有标准，即看他的种种从业实践以及这种实践是否创造性地遵循并丰富了人类的出版规律和文化规律。"古今中外，提高为主"的办社方针与出版理念，不仅使冯雪峰获得了出版家的"职业资格证书"，更为人文社埋下了"一块坚硬不朽的奠基石"。分而言之，"古今中外，展示的是出版家的一种胸怀、一方视野"；"提高为主，体现的是出版家的一种视点、一种责任。……'一种视点'，指的是出版所应有高品位、高立意和高质量，而'一种责任'则是认真切实履行出版即选择的本质属性"。[1] 从人文社的出版实践与成果来看，冯雪峰实际上从未将提高与普及截然对立。如前所述，强调"提高"，只是出于建立在其文艺观念基础上的编辑观念，以及人文社作为国家级出版社地位与任务所作出的规划与定位。冯雪峰认为，文艺家应该有"明澈坚强的批判力"和"正确的思想武装"，否则"怎样能给落后的人民以强有力的正确的批判呢？"[2] 这充分体现了通过文化选择而对人民加以引导的出版理念与职业追求。人文社的

---

① 潘凯雄：《冯雪峰：古今中外，提高为主》，载贺圣遂、姜华主编：《出版的品质》，复旦大学出版社 2012 年版，第 207—208 页。

② 戚学英：《"人民"话语与阶级—民族国家想象——1940—1970 年代文学中"人民"话语的建构》，《江汉论坛》2014 年第 5 期。

独特之处，正在于其"提高为主"的格局及其对全国文学出版的引领与规划作用。冯雪峰的这种编辑思想与人文社作为国家级出版社的地位相结合，决定了其编辑出版"提高为主"的定位。但在文化大众化、通俗化被树立为重要命题的"十七年"语境中，这种出版方针，明显受到时代的规约。

四、编辑出版鲁迅著作

1936 年 10 月 19 日，鲁迅逝世于上海。作为鲁迅丧仪的主要策划者、组织者，冯雪峰代表党主持治丧工作，对整个丧事活动进行了规划与协调。鲁迅逝世后，中国共产党以其高远的认识，积极推动鲁迅形象的建构。新中国成立后，冯雪峰成为鲁迅精神的重要阐释者与宣传者。除了撰写大量的回忆与论述文章，成为鲁迅研究的"通人"，冯雪峰更多的精力倾注在以人文社为平台，推动鲁迅著作的编辑出版这一重大的国家工程上。

（一）主持鲁迅著作编刊社

新中国成立后，鲁迅著作的出版，经历过一个由个体出版走向国家出版的转变过程。

1947 年 5 月，以许广平为负责人，创办鲁迅全集出版社。该社曾出版《呐喊》、《野草》等 200 多种鲁迅著作。但随着形势的变化，鲁迅著作的出版面临新的问题。1950 年 10 月 7 日，"关于鲁迅先生著作出版事座谈"在出版总署举行，出席人员有许广平、冯雪峰、胡风、叶圣陶、郑振铎、胡乔木、胡愈之等。会上，许广平讲了鲁迅全集出版社的情况及遇到的困难，提出将鲁迅著作版权无条件捐献给国家。讨论后决定"由家属申请授权出版总署处理国内外编选、翻译、印行事项"，由"出版总署建立鲁迅著作编刊社，聘请冯雪峰同志为总编辑，在上海办理编刊注释校订工作，其费用由总署支出。编成之书交人民出版社出版"。①10 月 9 日，中央宣传部致信上海市委宣传部与华东局宣传部，表示接受许广平要求，并与胡愈之、冯雪峰商妥，决定："（一）结束鲁迅出版社，将鲁迅著作的出版发行工作移交出版总署负责办理，以各种版本求得普及，而对许广平给予适当代价；（二）成立鲁迅著作编辑部，负责编订鲁迅著作，并对鲁迅的重要作品加以注释；（三）鲁迅著作的编校注释工作由冯雪峰专任其事，并调集王士菁（上海）、林辰（重庆）、杨霁云（常州）、孙用（杭州）四人协助，暂在上海进行。鲁迅出版社的结束事宜由许广平日内来沪办理；（四）望华东局与上海市委解除冯雪峰其他任务，并予以工作上之协助。"②

1950 年 11 月，鲁迅著作编刊社正式成立，冯雪峰担任社长兼总编辑。冯雪峰时为全国文协上海分会主席，出面借用了文协（武进路309 弄 12 号）二楼两间办公室作为办公场所。12 月 7 日，出版总署向各地出版局（处）发出通报，强调："鲁迅先生 33 年的丰富著作，

---

① 《关于鲁迅先生著作出版事座谈记录》，载袁亮主编：《中华人民共和国出版史料 第二卷：1950》，中国书籍出版社 1996 年版，第 629—630 页。

② 《中央宣传部为改善鲁迅著作出版发行工作给华东局宣传部等的信》，载袁亮主编：《中华人民共和国出版史料 第二卷：1950》，中国书籍出版社 1996 年版，第 631 页。

是中国人民最珍贵的精神财产之一，应在国内外大量出版发行。本署在接受鲁迅先生家属这个申请后，已在上海建立鲁迅著作编刊社，作为总署直属事业机关，由冯雪峰同志任总编辑，办理编刊、注释、校订工作，编成之书则交人民出版社出版。关于各地出版及发行鲁迅著作，可与该社直接接洽。"[①] 经胡乔木批准、许广平介绍、冯雪峰提名等方式，编刊社调来的编辑人员有孙用、林辰、杨霁云、王士菁等，多为鲁迅研究的一时之选。"孙用与杨霁云系许广平推荐，王士菁由黄洛峰介绍给冯雪峰，而林辰则是冯雪峰在与楚图南商量后请来的。在此之前，孙用著有《鲁迅全集正误表》与《鲁迅全集校勘记》，对1938 年版《鲁迅全集》的编校错漏予以指正。杨霁云与鲁迅多有交往，曾搜集出版《集外集》《集外集拾遗》。1948 年王士菁的《鲁迅传》由上海新知书店出版，标志着'第一部完整的鲁迅传记'的出现。林辰则早在 1947 年即撰文建议'对鲁迅的作品加以注释疏证'，并作有《鲁迅事迹考》。就彼时的情境看来，他们无疑是编注鲁迅著作最为合适的人选。"[②]

随后，冯雪峰就紧锣密鼓地带领同人开始了鲁迅著作的编选、注释与出版工作。

编选全集，是个系统工程。对于鲁迅著作的编校和注释工作，冯雪峰非常重视其计划性与系统性。1950 年 10 月 23 日，冯雪峰在上海撰写《鲁迅著作编校和注释的工作方针和计划草案》，发表于《文艺报》半月刊第三卷第九期（1951 年 2 月 25 日）：

---

① 《出版总署关于处理鲁迅著作编选、翻译、印行的通报》，载袁亮主编：《中华人民共和国出版史料 第二卷：1950》，中国书籍出版社 1996 年版，第 745 页。

② 李杨：《"鲁编室"与〈鲁迅全集〉的生产》，《当代文坛》2021 年第 6 期。

一　编校

1.先把著作中最主要的和读者最需要的部分重行校订，以便迅速重印单行本。

2.在半年内（即在一九五一年六月之前）把已经印行的全部作品(翻译在内）都校订完毕，并在一年内全部都以单行本出版。

3.尚未印行的全部日记，在一九五一年内编校好，并在一九五一年内出版（为了注释工作上的查考用，或须提前出版）。

4.尚未印行的汉碑和古书两种的编校工作，放在一九五二年内进行。

5.我们觉得鲁迅著作将来在国内可以下列三种版本由国家出版发行：

甲，最完整的全集本——即把鲁迅的全部文学工作可以收印的东西都编进去。（编法以现在的全集为底子，而加进全部书简、全部日记、编选的画集和其他著作与翻译的遗文。此种全集本，主要的是为了保存和供给研究者之用，印数不要多，只够全国图书馆、大学和高等学校及个人研究者具备就是了，但印刷装帧和校对都必须讲究，以便保存长久并能作为查考之根据。至于是否要把注释作为附录，则再作决定）。乙，注释单行本（以著作部分中的主要作品为主，即在小说、散文和杂文的单行本中挑出最重要的附以注释出版）。丙，注释选集本（从鲁迅的小说、散文和杂文中选出最重要和能代表他思想与文学的各方面的作品，编辑鲁迅选集，并附以注释）。

我们现在暂定将来发行的版本是如上所述，则我们进行的步骤拟定如下：（1）普通单行本的编校工作，在一九五一年六月前完成。(2) 注释单行本的编校和注释，在一九五一年内完成一部分，到一九五二年内全部完成。(3) 最完整的全集本的编校工作，一九五二年内完成。(4) 注释选集本，一九五二年内完成。

二　注释

1.注释工作是繁重而困难的，必须一边工作，一边作谨慎的深入和广博的学习和研究，并且还必须把这样的学习和研究算作我们工作中的最重要的部分。学习和研究：首先是毛泽东思想和思想方法，最近三十年来的中国革命史和中国近百年史等。其次是鲁迅著作的内容和思想，近代世界文艺思想，中国古文学知识等。

2.注释必须绝对严守科学的客观的方法、态度和历史的观点，正唯如此，事实上就不能不有关于时代环境的说明和带有历史评价的意义。这不仅是关于鲁迅本人的，而尤其是关于和鲁迅有关系的一切人物，事件和思想学说。因此，注释的方法和观点，必须是马列主义毛泽东思想的科学历史的方法和观点。立场和标准，是中国人民革命的利益和前进方向。而注释的目的固然在于使读者能够更容易地读鲁迅作品，但还必须能起一种对于鲁迅思想的阐明作用，使鲁迅思想的进步的、革命的、新民主主义的本质更昭明于世。

3.注释以普通初中毕业学生能大致看得懂为一个大概的标准，因此不仅注释条文的文字必须浅显而简要，并且注释的范围也不得不相当广：(1) 古字、古语和引用古籍的文句与掌故之不易懂者和不常见者。(2) 外国语、外国人和引用外籍文句、学说与掌故之不为一般人所熟识者。(3) 引用民间俗语和故事等等之不为一般人所熟识者。以上三种，除注明出处及原意外，有必要时还须指明引用者之用意。对于被引用的古人和外人，有必要时也略加介绍，如有指出他们思想之本质的必要时，并也加以简单的指出。(4) 鲁迅著作中所涉到的当时的人物、掌故与引用的说话和文字，以及一切被鲁迅加了括弧的用语，等等（此项注释的注意点同于上面的三项，但必须说明得更详细些）。(5) 因文字简练和为了讳忌而隐晦曲折，一般读者不易了解的地方略加点明和解释。(6) 为了讳忌而以暗示和以 ××× 隐指的当时的人与事，加以索隐和考证。(7) 作品发表时的时代环境和写作的真实用意所在，不为现在一般读者所明了的，加以扼要的说明。(8) 其他。

4. 以上的注释范围是以关于鲁迅的小说、散文和杂文的著作为主。此外：关于他的书简、日记中的人与事，以及一切序文后记中所涉到的人与事，也尽可能地加以考查和注释。关于他所考证的古书等，和编抄辑录的古文等(如《唐宋传奇集》、《小说旧闻抄》等)，以及文学史著作，本文和内容都不加注释。如有必要和可能，只关于他工作的经过和年月等等加以按语和考证。关于翻译，一般的不注释。如有必要，关于他工作的经过和年月等加以考证，关于原著者和原书如有说明或补充说明的必要时则加以按语。

5. 注释工作，主要的依靠调查研究的广博和精确可靠。

(1) 物证：和鲁迅著作有关的古今中外的文籍和文物。本世纪初以来的报纸、杂志和书籍。鲁迅出生地和他一生所经历的地方对鲁迅有影响的人情风俗文化等等的调查研究，也很重要。(2) 人证：一切现在还活着的、熟识鲁迅的或与鲁迅直接有过来往的人，都须作为我们访问的对象进行访问以作解决疑难的帮助。和鲁迅最亲近和最有直接密切关系的人，如许广平、周建人等先生以及其他的鲁迅的老友和来往密切的先生们，都须作为我们经常的必要的顾问。(3) 各方面的学问家，也是我们所需要的经常的顾问。(4) 因此，我们调查研究工作，拟分三方面进行，即①查书查刊物查报纸和其他，尽量借用图书馆和私人藏书。②访问人和地方。③经常请教顾问。

6. 注释初稿以至二稿三稿，都先印刷多份，送给文化界各大家和鲁迅各老友和中共中宣部、中央出版总署审阅修正和补充；大约总须经过二三次至四五次、六七次的修改纠正，然后近于定稿，再由中宣部和中央出版总署最后审查批准出版。

7. 注释先从最重要的几个单行本开始，以期先完成可以先出注释单行本。

8. 待注释工作全部完成后，全部注释文或可独立印行。

三　几项可以附带地准备和进行的工作

1. 鲁迅传记的可靠的材料收集和整理。

2. 更详细的和更正确的年谱的编写。

3. 鲁迅文学词汇的统计或鲁迅词典的编辑。①

这是一份考虑得非常成熟、周全的出版计划，对鲁迅著作的出版作出了详细的说明：

其一，从时间安排来看，这是一个分期、分步骤进行的计划。计

---

① 《冯雪峰全集（六）》，人民文学出版社 2016 年版，第 412—414 页。

划在 1951 年编校好鲁迅全部的日记，在 1952 年完成鲁迅著作单行本和全集本的编校注释工作。

其二，从内容来看，鲁迅著作规划为最完整的全集本（甲）、注释单行本（乙）和注释选集本（丙）三种。各种收录内容、潜在读者不同。其中，全集本的设定是"把鲁迅的全部文学工作可以收印的东西都编进去"，包括"全部书简、全部日记、编选的画集和其他著作与翻译的遗文"，主要以"全国图书馆、大学和高等学校及个人研究者"为读者对象。

其三，从工作重点来看，主要的工作重心是注释工作。注释应以普通初中毕业学生能大致看得懂为一个大概的标准。必须严守科学的客观的方法、态度和历史的观点，依靠调查研究的广博和精准可靠。更重要的内在要求，是学习毛泽东思想、中国革命史与中国近百年史等，以马列主义毛泽东思想的科学历史的方法和观点为注释的方法和观点，以中国人民革命的利益和前进方向为立场和标准。由此可以看出这项国家工程的意识形态性质。

其四，从后续的出版开发来看，以鲁迅著作出版为主体，同时拟延伸策划编辑出版鲁迅传记、年谱、词典等相关出版物。鲁迅著作，既是一项重要的国家出版任务，也是一种丰富的出版资源。

（二）影印《鲁迅日记》

在筹组人文社的过程中，冯雪峰同时利用社会力量推动鲁迅著作的出版，其中最重要的项目是由上海出版公司影印《鲁迅日记》。

刘哲民、郑振铎主持的上海出版公司，一直注重图录画册的印行，曾印行《历史参考图谱》、《域外藏画集》等出版物。公司提出影印鲁迅日记的想法，由郑振铎征得许广平同意，并取得鲁迅著作编刊社的许可。在听了刘哲民的影印计划后，冯雪峰强调说："《鲁迅日记》的影印，是解放后出版的第一部鲁迅著作，一定要把它印好，更希望不要作营利打算，把定价订得高。"①

1951 年 4 月 5 日，冯雪峰撰写好《〈鲁迅日记〉影印出版说明》。在简要引用鲁迅《马上日记》等文字说明鲁迅"是写给自己看的"，"写的是信札往来，银钱收付，无所谓面目，更无所谓真假"的日记观后，就鲁迅日记册数、稿纸情况，尤其是影印办法作出详细说明。其中，重点提到：其一，因为财力有限，对《鲁迅日记》影印本的定位，主要是"保存文献和供研究上的需要"，而"不必把它当作大众的读物来大量地印行"。其二，因为日记是研究鲁迅最宝贵和最真实的史料，因此，以影印的方式出版，能够避免铅印所可能导致的排校错误，"尽量做到保存原来的面目"。其三，鲁迅的日记有很高的研究价值，需要以后一步步作说明、索隐和注释等。其四，因为影印成本高，所以这次只能印 1050 部，这是"完全为了国内的图书馆、文化机关、研究者的备置而出版的"；至于广大读者，可以等将来的铅印本，日记将来会收进《鲁迅全集》，并另印铅字单行本。②

正在筹组人文社的冯雪峰异常繁忙，但他对《鲁迅日记》的影印工作，没有丝毫放松。他曾致信给王士菁："印《鲁迅日记》如有问题，

---

① 刘哲民：《冯雪峰同志与方志敏烈士的遗稿》，载包子衍、袁绍发、郭丽卿、王锡荣编：《冯雪峰纪念集》，人民文学出版社 2003 年版，第 164 页。

② 《冯雪峰全集（六）》，人民文学出版社 2016 年版，第 415—417 页。

属于样式方面的，请你们三位研究决定回答出版者就是；如关于'例言'的，请出版者等我回沪后再说。"① 在出版过程中，上海出版公司未能做到严格要求，出现目录失校与偷工减料的情况，冯雪峰严肃要求改正。② 1951 年 12 月 25 日，王士菁写信给冯雪峰汇报改正的结果：300 多本《鲁迅日记》存书中目录上的错字，已经改正；已发行的也多陆续收回改正，另换新目录，但改正得并不完全，还有一部分没有收回来。关于定价，公司已自动减低，本来可以减到二十万元，但因牵扯中国图书发行公司的发行费用问题，只能减低到二十四万元一部。关于印刷的"偷工减料"，上海出版公司解释，此次的纸头确是小了一些；事前没有想到，所以有此错误。③

《鲁迅日记》影印本初版 1050 部，但需求者极多。1951 年 5 月，冯雪峰要求在上海的王士菁寄 10 部到京交给人文社，以及赠送人等。④ 但仅仅 1050 部，根本满足不了读者需要，还有不少读者来信，希望用次等纸出版廉价本。冯雪峰就与许广平、上海出版公司商量，决定再印精装本 200 部，另印毛边纸本 1800 部，两种共再版 2000 部。⑤ 为了降低成本以利印行，许广平同意放弃版税，出版公

① 冯雪峰：《1951 年 3 月 8 日致王士菁信》，《冯雪峰全集（七）》，人民文学出版社 2016 年版，第 10 页。
② 冯雪峰：《1951 年 10 月 20 日致王士菁信》，《冯雪峰全集（七）》，人民文学出版社 2016 年版，第 29 页。
③ 冯雪峰：《1951 年 10 月 20 日致王士菁信》（附《1951 年 12 月 25 日王士菁致冯雪峰信》），《冯雪峰全集（七）》，人民文学出版社 2016 年版，第 30—31 页。
④ 冯雪峰：《1951 年 5 月 22 日致王士菁信》，《冯雪峰全集（七）》，人民文学出版社 2016 年版，第 12 页。
⑤ 冯雪峰：《〈鲁迅日记〉再版说明》，《冯雪峰全集（六）》，人民文学出版社 2016 年版，第 418 页。

司则不收手续费。短短三个月内，《鲁迅日记》印行 3050 部，冯雪峰的推动功不可没。"事实上，在建国初期艰难的物质条件下，要出版一部规模宏大的影印日记，倘没有主持者的苦心和毅力，没有出版者的全面合作，一句话，没有一点傻子似的战斗精神，是决计不可能问世的。"① 遗憾的是，及至主持 1958 年版《鲁迅全集》编辑工作时，因为人事、政治等因素的影响，冯雪峰未能将日记收录于全集中。

（三）鲁迅著作编辑工作的开展

1952 年 7 月，鲁迅著作编刊社迁至北京，成为人文社的鲁迅著作编辑室，地址在东单草厂胡同 27 号。在此前后，冯雪峰在京沪两地奔波，事务杂多。出任人文社副社长的蒋天佐身体不好，将去休养。而在上海的时代社负责人罗果夫回国，时代社改为公营，冯雪峰又要代表文化部兼管。同时，担任全国文协上海分会主席的冯雪峰，还担任了《文艺新地》的主编，与副主编唐弢一起合编刊物。在这个过渡的过程中，冯雪峰不断为人事问题奔波协调。因机构、身份转换，编刊社一些同人担心前景，冯雪峰努力做解释工作："鲁迅编刊社，对外名义暂仍旧，对内则为文学出版社的一个专门编辑部。经费照常没有问题。以后可另立预算。……鲁迅编刊社，现在无需改变计划，请同志们为实现原定计划而奋斗。各方面对此工作很重视。几个负责人亲口对我说，为此工作多化点人力和钱都应该的。所以，希望

---

① 唐弢：《追怀雪峰》，载包子衍、袁绍发、郭丽卿、王锡荣编：《冯雪峰纪念集》，人民文学出版社 2003 年版，第 98 页。

同志们把这工作看作自己的做学问的工作。自然，经济上仍须节省，因为人民和国家都不容许我们化一个不适当的钱。参考资料可借用的仍以借用为主；难得的资料，酌量（你们四人大家商量）购买，如直接关于鲁迅的及其它宝贵的材料。"①过渡时期，甚至连单位证章、服务证等都来不及制作。孙用从上海返杭，在火车上受到检查、呵斥。王士菁为此给冯雪峰写信，问人文社是否有证章等。冯雪峰复信说与人文社商量过，可做"鲁迅著作编刊社"的证章。他请王士菁就在上海做 10 枚，向华东文化部或上海文化局备案报告即可。②1951 年 6 月中旬，冯雪峰由京返沪，只有两三天时间，只能请王士菁代其整理书籍和文稿。③ 在 6 月 22 日致王士菁的信中，冯雪峰竟六次补充说明要办的有关事宜，可谓随时想到随时补充。④ 但不管多忙，尽快把鲁迅著作送到广大读者手中，才是当务之急。冯雪峰一边处理著作编辑室北迁事宜，一边全力以赴地推动著作编辑工作。

1951 年 5 月 28 日，冯雪峰致信王士菁，说鲁迅出版社交给新华（后改为华东人民出版社）的全部纸型和铜版等，现决定全部转移给人文社，让王士菁持信代表人文社接收。他要求同人从接收过来的东西中检查出可用的单行本的纸型并附上校误表，以便不久拿到北京或

---

① 冯雪峰：《1951 年 6 月 4 日致王士菁信》，《冯雪峰全集（七）》，人民文学出版社 2016 年版，第 14 页。

② 冯雪峰：《1951 年 6 月 11 日致王士菁信》，《冯雪峰全集（七）》，人民文学出版社 2016 年版，第 15 页。

③ 冯雪峰：《1951 年 6 月 12 日致王士菁信》，《冯雪峰全集（七）》，人民文学出版社 2016 年版，第 16—17 页。

④ 冯雪峰：《1951 年 6 月 22 日致王士菁信》，《冯雪峰全集（七）》，人民文学出版社 2016 年版，第 17—20 页。

在上海用文学出版社名义重印。①6月22日，冯雪峰致信王士菁，要他抽身来京一下，说鲁迅著作整理出版压力极大，社会各界极为关注，有人甚至以为让冯来负责文学出版社，就能很快出版全集了。他请王士菁在上海先就有关鲁迅著作的注释问题讨论一下，把急需解决的问题整理出来。②此后，冯雪峰不断发信催王士菁办理鲁迅著作出版相关事宜。6月28日，他请即将来京的王士菁将其编的许寿裳有关鲁迅的文集带到北京来付排。③还发电报嘱王士菁速运1938年版《鲁迅全集》往京。8月8日，冯雪峰致信王士菁，所言皆鲁迅著作出版事，包括把此前华东人民出版社重印过的几种各寄样书一本；没有勘误表的尽快补充；校正《毁灭》和《十月》，为重印做准备；向文化生活社收回《死魂灵》、《俄罗斯童话》版权，代许广平先生向文生社算清版税；等等。④8月21日，冯雪峰在信中，再次催促王士菁尽快向文生社接洽版权事。⑤24日，冯雪峰请王士菁从保险箱中检出他委交的鲁迅译奥国诗人的八句诗稿手迹，照原大小拍照洗出几张，把照片与软片寄出。⑥为了集中精力、加快鲁迅著作的编辑出版进度，冯雪

---

①　冯雪峰：《1951年5月28日致王士菁信》，《冯雪峰全集（七）》，人民文学出版社2016年版，第13页。

②　冯雪峰：《1951年6月22日致王士菁信》，《冯雪峰全集（七）》，人民文学出版社2016年版，第17页。

③　冯雪峰：《1951年6月28日致王士菁信》，《冯雪峰全集（七）》，人民文学出版社2016年版，第20页。

④　冯雪峰：《1951年8月8日致王士菁信》，《冯雪峰全集（七）》，人民文学出版社2016年版，第21页。

⑤　冯雪峰：《1951年8月21日致王士菁信》，《冯雪峰全集（七）》，人民文学出版社2016年版，第22页。

⑥　冯雪峰：《1951年8月24日致王士菁信》，《冯雪峰全集（七）》，人民文学出版社2016年版，第23页。

峰甚至有条件地同意由民营的上海出版公司来影印方志敏遗稿《可爱的中国》。其原因之一，就是人文社人手少，王士菁等人须集中精力做鲁著工作。"鲁著工作早日弄好，则一切私营书店和某些私人就无法再编印鲁的作品了，也可以少为这种事烦恼了。"①10 月 22 日，冯雪峰受命带团访苏。20 日他在信中交代王士菁，尽快去催回《死魂灵》版权；针对鲁迅著作的注释问题，建议详细些，多收集材料，同事之间多就鲁迅作品和思想中的问题展开讨论以增加工作的兴趣和活泼性。② 王士菁对冯雪峰的来信，总是非常及时地作复，告诉他有关事项的办理结果。

在机构组建、两地办公、国家出版工程启动等紧锣密鼓的工作中，冯雪峰推动鲁迅著作编辑出版工作紧张有序地进行，表现出一位出版家的职业素养与出版人的精神。

其一，在编辑鲁迅著作时始终重视编校质量，坚持严肃认真的态度。

1951 年 8 月 30 日，冯雪峰写信给王士菁，要求对拟重印的《古小说钩沉》、《唐宋传奇集》、《小说旧闻钞》、翻译小说《十月》和将来势必重印的《中国小说史略》，准备样书，补齐正误表。③ 上海出版公司寄给冯雪峰一册《鲁迅书简补遗》（致日本人部分，吴元坎译）的样书，他翻读后觉得问题明显，马上致信王士菁，指出其中存在的问题：

---

① 冯雪峰：《1951 年 10 月 21 日致王士菁信》，《冯雪峰全集（七）》，人民文学出版社 2016 年版，第 32 页。

② 冯雪峰：《1951 年 10 月 20 日致王士菁信》，《冯雪峰全集（七）》，人民文学出版社 2016 年版，第 29—30 页。

③ 冯雪峰：《1951 年 8 月 30 日致王士菁信》，《冯雪峰全集（七）》，人民文学出版社 2016 年版，第 24 页。

一、译文不妥的地方似乎不少。主要是关于语气和用词。又有的是因为译者不明了当时政治情况与文艺界情况而领会错了。还有,如雅各武莱夫(《十月》作者),珂勒惠支等译名也没有照鲁迅用的译名。这是一个缺点,再版时必须重新审定。

二、这些信,是根据日本人发表的,我们重加编辑,必须审查过,是否有被篡改的地方。其次,日本人发表时自加注解,而现在翻译就一概依样翻译,这也是不对的,这太忠实于日本人了,为什么不可以把日本人的注释当作参考而自行注释呢?

三、校对也真太马虎了。

这三个缺点中,第一点与第二点是更大,使人看后很不舒服。尤其第二点,简直有点丢中国人的脸。译者只是照译,也许属于情有可原,为什么编者方行同志不注意和警觉得这一点呢?

冯雪峰以高度的政治敏锐性注意到,以日译本为底本发表鲁迅文字时,存在被篡改以及注释可能有误的问题。他在信末提出,如果初版 3000 本已经印好而尚未发售,建议"由编译者名义附几句声明在卷首或卷尾(或另印夹在书中),说明这只是材料,将来还必须重加审定以至重译重编的"[①]。出版公司负责人刘哲民读到来信,"大有汗流浃背之感",深感冯雪峰提出的三点错误,"正是我们知识性缺乏,而且政治认识不够的反映。再说这本书的翻译,完全是从友谊上着眼,根本对鲁迅著作不够郑重"。与冯雪峰多有合作的刘哲民深

---

① 冯雪峰:《1952 年 1 月 24 日致王士菁信》,《冯雪峰全集(七)》,人民文学出版社 2016 年版,第 34—35 页。

知，"他是知道我们是想做好工作的，所以还是要我们订正后再版。说明他是通情达理，是非分明的。我们除了心悦诚服外，还有什么可说呢？"① 上海出版公司编印瞿秋白编选的《鲁迅杂感选集》，态度不严肃。冯雪峰写信给王士菁，要他和公司谈一谈，"很善意地劝告他们一番"②。

1946 年，唐弢将全集以外的佚文五十余篇，辑为《鲁迅全集补遗》一书。新中国成立后，唐弢又收集到百余篇，编成《补遗续编》。冯雪峰粗粗翻读一遍，发现错误和不妥的地方颇多。他写信给王士菁，说："用这样粗率的工作态度编这些东西，也太对不起这个严肃的工作了。我想，为了帮助他，应把你们的意见和我这点意见直接告诉他，对他还应采取同志的态度。现在纸型已打好，没有办法大改动，但可以请唐弢自己再认真地全部看一遍，能够改的错误都先改正，不能改的可用校正表。编例上不妥处已不能改，要说明的也已不能加入，则可由唐自己在卷前或卷后附一篇说明，对读者交代一下，并且自我批评一下。"可谓苦口婆心。他同时叮嘱："他搜集这些材料，对我们当然有帮助，但将来都须严格研究和校订过。……和唐谈，原则须坚持，但态度上不要太凶，以免引起误会。"③

冯雪峰的认真，对编刊社同人产生深刻的影响。据王士菁回忆，

---

①　刘哲民：《冯雪峰同志与方志敏烈士的遗稿》，载包子衍、袁绍发、郭丽卿、王锡荣编：《冯雪峰纪念集》，人民文学出版社 2003 年版，第 165 页。

②　冯雪峰：《1952 年 2 月 6 日致王士菁信》，《冯雪峰全集（七）》，人民文学出版社 2016 年版，第 35 页。

③　冯雪峰：《1952 年 3 月 12 日致王士菁信》，《冯雪峰全集（七）》，人民文学出版社 2016 年版，第 36—37 页。

冯雪峰要求非常严格，在他带动之下，同事的工作都严肃认真。凡是编入《鲁迅全集》的文章，必须"亲目所睹"，亲自从报刊上收集得来，坚决不用第二手的辑录或传抄材料。"注释所引用的字句，一定'言必有据'，查明最初的原始出处，而不要去转引；有关重要的人物或事件的条目，则是由他们亲自撰写。"①

其二，在编辑鲁迅著作时注重同步收集相关资料，为鲁迅著作出版物进一步开发做准备。

1951 年 7 月，人文社出版许广平的集子《欣慰的纪念》。冯雪峰是催促许广平把她十多年来所写的关于鲁迅的文章编集出版的人之一。因此，他在所作序中，特别强调材料的珍贵，并认为许广平写得太少了。他希望别的熟识和知道鲁迅的人都看重这个工作和责任，把与鲁迅的关系多写出来。②

在此之前，王士菁写信向冯雪峰汇报，说自己收集和编辑了几册研究鲁迅的资料，包括：（1）周建人写鲁迅的文章，一共九篇约两万字，加上有很大参考价值的两篇附录，可以成为一本，可以继许寿裳的《我所认识的鲁迅》之后列为第三本出版。如果冯雪峰同意，他即写信给周建人，询问其意见。（2）从《河南》、《浙江潮》等杂志搜集了与鲁迅有关的杂志发刊辞，有参考价值的启事，与鲁迅有关的文学团体的主张和宣言，与鲁迅的文章关系密切或屡为他所抨击的对方文章，有十多万字，如加以适当的按语和考释，很有用处。如果冯雪峰

---

① 王士菁：《一个愿望——纪念人民文学出版社成立五十周年》，载丁景唐等：《我与人民文学出版社》，人民文学出版社 2001 年版，第 29 页。

② 冯雪峰：《〈欣慰的纪念〉序》，《冯雪峰全集（五）》，人民文学出版社 2016 年版，第 297—299 页。

认为有出版价值，他便继续收集，使其包括更多内容。冯雪峰立即在回信中明示：周建人的文章编集，立即进行；《河南》等杂志上的那些材料很有用，尽快收集抄成册，并加按语考释；希望王士菁的《鲁迅的青年时代》继续写下去。①

关于鲁迅著作相关材料，冯雪峰不断留心搜集。1952 年 2 月 6 日，他告诉王士菁："听说上海《亦报》有连续发表的周作人《补树书屋旧事》，是有关鲁迅的材料之一，你们不知已搜集否？如未，请搜集。""北京《光明日报》一九五一年十一月二十四和十二月八日有仲乐写的《鲁迅日记一部分考证》一文，很可做参考，不知你们已搜到否？如未，请告，我可搜来给你们。"②"二、上海新复刊的《文汇报》十月五日有周遐寿《鲁迅与清末文坛》一文，有参看价值。其中说鲁迅未到南京前，在家已看到《点石斋画报》，请注意核对一下。三、《中国青年》本月中（半）将出版的一期有邹鲁风回忆鲁迅一文（我已看了清样），将来可收入《同时代人回忆鲁——》再版中。"③ 有普通读者希望有本好的鲁迅传记，冯雪峰回信说："这是对于我们工作的一个督促，我很感谢你。写一本较好并较详细的鲁迅传，我们是有这样的计划的，但完成此计划，总需在三四年之后，因材料和一些有关问题需搜集和调查研究。"④

----

① 冯雪峰：《1952 年 1 月 19 日致王士菁信》，《冯雪峰全集（七）》，人民文学出版社2016 年版，第 33 页。

② 冯雪峰：《1952 年 2 月 6 日致王士菁信》，《冯雪峰全集（七）》，人民文学出版社2016 年版，第 35 页。

③ 冯雪峰：《1956 年 10 月 7 日致王士菁信》，《冯雪峰全集（七）》，人民文学出版社2016 年版，第 42 页。

④ 冯雪峰：《1953 年 2 月 2 日致王教培信》，《冯雪峰全集（七）》，人民文学出版社2016 年版，第 52 页。

对于编辑出版过程中收集的鲁迅相关材料，冯雪峰一方面追求全面、丰富，另一方面又特别注意裁断。如关于许寿裳的集子，冯雪峰即认为"在某些地方，资料性不大，而作者（如许寿裳）的观点过旧或错误的以及无关的空话或对鲁迅下不适当的断语之类，可以删去，而以虚点（……）代之。特别对于许寿裳，因这类地方很多，要留心，不可太没有取舍，要提高思想上的警戒。他有些资料是很宝贵的，但他对鲁的看法是有些陈腐的，请多注意这一点。这个态度，也适用于对别的材料和评论之类，所以我想大家可考虑加强注意。这部校样现在寄你，你可拨出时间来仔细重检一遍，凡有资料性不大而观点上不对的解释或评论之类都可删去，不能删的即加注"[①]。

其三，在编辑鲁迅著作时特别注重计划性。

如前所述，在刚开展鲁迅著作出版工作时，冯雪峰即撰写《鲁迅著作编校和注释的工作方针和计划草案》，系统地对鲁迅著作的编校、注释提出规划。随着编校与注释工作的展开，冯雪峰又起草了说明性的文本《关于鲁迅著作的编校注释和出版》。全文分为四部分。在"鲁迅著作原来编辑出版上的概况"中，重点介绍了鲁迅未能在生前出版的著译。在"一九三八年《鲁迅全集》及《三十年集》的出版"中，则介绍了鲁迅逝世后到全国解放之间鲁迅著作的编辑出版情况。在"重新整理的提起"中，则说明新中国成立前因为反动政府的禁止，鲁迅著作不能在国内广泛流行；又因为投机商人的偷印，国内流行版本十分混乱。因此，国家开始重新整理，成立"鲁迅著作编刊社"，

---

① 冯雪峰：《1952 年 3 月 20 日致王士菁信》，《冯雪峰全集（七）》，人民文学出版社 2016 年版，第 37—38 页。

后划归人文社成立专门编辑部，以编辑与注释鲁迅著作。最后一部分"现在工作的进行情况"则介绍了 1950 年 12 月之后十个月间所做的相关工作，包括出版、校订、搜集材料、征求书信、影印日记、收集年谱与传记材料等，并简要地说明了体会、难度及近期安排。① 冯雪峰以纵向的方式，条理清晰地对鲁迅著作原有编辑出版的概况、1938 年《鲁迅全集》及《三十年集》的出版、重新整理以及当时工作的进行情况，作出了详细说明。文章刊发于 1951 年 10 月 20 日即鲁迅逝世 15 周年第二天的《人民日报》，既是一种向社会的说明，也是一种纪念。

1956 年是鲁迅逝世 20 周年，有关部门开始准备纪念事宜。"为了通过这个纪念向文艺界和人民广泛宣传鲁迅的思想和创作，有计划地整理鲁迅遗产并用正确的方法进行研究，批判研究鲁迅的论著中存在的各种错误观点，现在就应组织力量进行准备。"冯雪峰因此起草《鲁迅逝世二十周年纪念准备工作计划》。② 从中可以看出，他不仅对鲁迅著作的出版有详细规划，还对鲁迅研究、纪录片拍摄、剧本改编、鲁迅的绘画雕塑及鲁迅著作插图、鲁迅纪念馆建设、鲁迅墓迁葬虹口公园、国外有关纪念活动所需各种材料等相关工程，有着系统的思考，一一点明负责单位、时间与相关内容。与此同时，冯雪峰草拟了《鲁迅逝世二十周年纪念研究性论文拟题计划》和《〈鲁迅全集〉（新版）出版计划》。在出版计划部分中，对十卷本《鲁迅全集》各卷所收内容、版式与出版日期作出了详细说明。③

---

① 《冯雪峰全集（六）》，人民文学出版社 2016 年版，第 421—424 页。
② 《冯雪峰全集（六）》，人民文学出版社 2016 年版，第 429—430 页。
③ 《冯雪峰全集（六）》，人民文学出版社 2016 年版，第 433—434 页。

《鲁迅著作编校和注释的工作方针和计划草案》（1950 年 10 月 23 日）、《关于鲁迅著作的编校注释和出版》（1951 年 10 月）、《鲁迅逝世二十周年纪念准备工作计划》（1956 年）、《鲁迅逝世二十周年纪念研究性论文拟题计划》和《〈鲁迅全集〉（新版）出版计划》（1956 年）等，每一篇文章都简明扼要、条理明晰；合而观之，又可以看出相关工作的有序推进。这些文章对鲁迅著作的编辑出版起到了有效的指导作用，堪称编辑辅文的范本。

（四）人文社的鲁迅著作出版物

20 世纪 50 年代，在冯雪峰的擘画与主持之下，人文社的鲁迅著作出版稳步推进。

1. 单行本

1951 年起，人文社陆续出版鲁迅的杂文集、翻译小说与古籍整理作品等。1953 年，人文社在 1951—1952 年出版鲁迅著作的基础上一次性出版了鲁迅著作单行本 26 种，包括《二心集》、《且介亭杂文》、《且介亭杂文二集》、《且介亭杂文末编》、《华盖集》、《坟》、《花边文学》、《彷徨》、《南腔北调集》、《准风月谈》、《朝花夕拾》、《三闲集》、《中国小说史略》、《而已集》、《华盖集续编》、《伪自由书》、《两地书》、《呐喊》、《故事新编》、《热风》、《野草》、《集外集》等；同时出版了鲁迅整理的《古小说钩沈》（上、下）、《小说旧闻钞》和《唐宋传奇集》，鲁迅的翻译作品《表》、《十月》、《死魂灵》、《毁灭》、《山民牧唱》、《坏孩子和别的奇闻》以及孙用翻译、鲁迅作校后记的《勇敢的约翰》，

《鲁迅书简》（上、下）、《呐喊》、《彷徨》、《故事新编》的合集《鲁迅小说集》。此外，在"文学初步读物"丛书中，收录了鲁迅的小说《祝福》、《阿 Q 正传》。

2. 回忆性出版物

1951 年 7 月起，人文社开始推出纪念和研究鲁迅的著作。其中第一本即许广平的《欣慰的纪念》，收录从 1936 年鲁迅去世到 1949 年许广平所写的纪念鲁迅的部分文章，包括《研究鲁迅文学遗产的几个问题》、《鲁迅先生的日记》、《略谈鲁迅先生的笔名》、《鲁迅先生与女师大事件》、《鲁迅和青年们》、《鲁迅先生的写作生活》、《鲁迅先生的日常生活》、《鲁迅先生的娱乐》、《鲁迅先生的香烟》、《鲁迅先生的学习精神》、《鲁迅先生与家庭》、《母亲》、《鲁迅先生与海婴》等篇目。纪念文章主要是生活题材、日常视角，全是一手史料。冯雪峰为这本书写了序言，其中指出："我们就觉得许广平先生写得实在太少了。别的熟识和知道鲁迅先生的人也都写得太少了。我们希望作为鲁迅先生的学生、朋友和夫人的许广平先生，看重这个工作和责任，不管怎样地忙于别的工作，也抽出时间来继续为我们写出更多的来。我们也同样希望周建人先生和其他熟悉与知道鲁迅先生的人们，看重这个工作，为我们多多写出一些来。"[1]

此后，人文社及其副牌作家出版社陆续出版了冯雪峰的《回忆鲁迅》（1952 年）、许寿裳的《我所认识的鲁迅》（1952 年）、许寿裳的《亡友鲁迅印象记》（1953 年）、许广平的《关于鲁迅的生活》（1954 年）、

---

[1]　冯雪峰：《〈欣慰的纪念〉序》，《冯雪峰全集（五）》，人民文学出版社 2016 年版，第 298 页。

乔峰（周建人）的《略讲关于鲁迅的事情》（1954年）、陈梦韶的《鲁迅在厦门》（1954年）、茅盾与巴金等人的《回忆鲁迅》（1956年）、周遐寿（周作人）的《鲁迅小说里的人物》（1957年）、《鲁迅的故家》（1957年）、川岛的《和鲁迅相处的日子》（1958年）等。作者多为鲁迅的亲朋。

尽管工作繁忙，冯雪峰仍身体力行撰写相关文章。1946年，为纪念鲁迅逝世十周年，上海《文汇报》副刊《笔会》从1946年10月18日至12月7日分26期连载发表冯雪峰的《鲁迅回忆录》。1951年，冯雪峰在《新观察》半月刊总第二十五期至总第四十一期连载《回忆鲁迅》，分为"一九二九年"、"左联时期"、"一九三六年"三个部分。后经修改，1952年8月由人文社出版单行本，名为《回忆鲁迅》。在其中，冯雪峰回忆了自己与鲁迅的交往过程，还有鲁迅和"左联"的密切关系、与青年和群众的联系、和瞿秋白的友谊、1936年逝世前后的情况等。1956年，民族出版社拟把《回忆鲁迅》翻译为少数民族文字，冯雪峰趁此机会进行大的修改，只留记事部分，而把议论部分全部删去。冯雪峰请民族出版社根据这个删节过的本子翻译，同时请求人文社把这个本子重排出版，即1957年版。

3.《鲁迅全集》

在冯雪峰的主持下，新版《鲁迅全集》注释、编辑工作进展顺利。1956年10月起，人文社陆续出版《鲁迅全集》第1、2、3卷。与1938年版相比，新版最大的不同是其注释与收录的范围。全集拟对《中国小说史略》和《汉文学史纲要》之外的篇目进行注释，使其更适合普通读者阅读；专收鲁迅的创作和文学史研究著作，不收翻译和古籍整理，另外拟收入鲁迅的全部书信。至1958年，人文社出齐10

卷著作注释本，又出版了 10 卷本《鲁迅译文集》。① 这 20 卷巨著是新中国首部鲁迅全集，其印行成为新中国文学出版的盛事。它的意义是重大的。鲁迅的作品"是现代中国留给未来最伟大的文学遗产。对他的作品加以校勘、注释和整理，出版、传播到社会，让鲁迅走进了当代文化。可以说，有了《鲁迅全集》才会有当代的鲁迅，也才会让读者知道什么才是真实的鲁迅。……作为鲁迅朋友的冯雪峰深深懂得鲁迅在现代中国文学中的价值和意义，又巧妙地顺应了当代中国对鲁迅思想和文学的肯定与期许，于是，鲁迅就以'全集'的媒质方式存在于当代文化的版图之上，存在于人们的阅读和理解里"②。

冯雪峰主持的 1958 年版《鲁迅全集》，注释是其突出的创新与特色。注释的目的，主要是向广大读者普及鲁迅思想，真正践行"人民出版"精神。鲁迅曾经说："拿我的那些书给不到二十岁的青年看，是不相宜的，要上三十岁，才很容易看懂。"③ 在向工人读者介绍鲁迅时，冯雪峰深有感触地提到以诠释等普及本满足广大读者要求的紧迫性："我先感觉到的，是我们做文教工作的人都应该引以为惭愧的一件事情，就是把我们伟大民族的许多优秀的文学作品普及给广大群众的工作，现在还进行得很少，甚至可以说还没有进行。把鲁迅的作品，普及给工人群众和其他广大群众的工作，也同样还没有进行。但这个工作却非常重要，因为照顾到工人群众的时间和其他条件，在现在（我

---

① 以上据人民文学出版社编《人民文学出版社六十年图书总目（1951—2011）》（王海波辑录，人民文学出版社 2011 年版）整理。

② 王本朝：《中国当代文学制度研究（1949—1976）》，新星出版社 2007 年版，第161—162 页。

③ 鲁迅：《1936 年 4 月 2 日致颜黎民信》，《鲁迅全集》第十四卷，人民文学出版社2005 年版，第 65 页。

是说现在），许多文学名著都必须有更适宜的版本和诠释。鲁迅的著作繁多，更必须有精选给工人和农民读的选本，尤其必须有详细和浅近的注释。我们知道，工人群众和一切劳动人民对于自己民族的文学名著的关心和阅读的要求一天一天高起来了，因为文化的需要以及有关的条件都在产生出来了；而阅读和研究鲁迅的作品，也将一天一天为广大工人群众和劳动人民所要求，所以这个普及工作是一个大工作，我们现在就应该着手来进行（部分的已在开始）。"[1]1951年在向青年读者解释为什么要学习鲁迅时，冯雪峰在文末提到，在中央宣传部的提议和指示之下，已经有一个小小的工作机构在从事鲁迅著作的注释工作，其中最主要的就是关于杂文部分的注释。在两年或三年之后当能够出版鲁迅主要著作的注释本，对于读者当有一定帮助。[2]

冯雪峰在《鲁迅著作编校和注释的工作方针和计划草案》中，重点解释了注释工作。

首先是注释的方法与观点、立场与标准。必须科学、客观，体现"马列主义毛泽东思想的科学历史的方法和观点"。立场和标准，则是以中国人民革命的利益和前进方向为准。注释的目的固然在于使读者能够更容易地读懂鲁迅作品，但还必须起到阐明鲁迅思想的作用，"使鲁迅思想的进步的、革命的、新民主主义的本质更昭明于世"。

其次是注释要达到的标准与范围。冯雪峰对《全集》注释规划的接受程度是"以普通初中毕业学生能大致看得懂为一个大概的标准"。

---

① 冯雪峰：《鲁迅和工人读者》，《冯雪峰全集（五）》，人民文学出版社2016年版，第442—443页。

② 冯雪峰：《为什么我们要学习鲁迅和读他的杂文——代答两个问题》，《冯雪峰全集（五）》，人民文学出版社2016年版，第306页。

因此，"不仅注释条文的文字必须浅显而简要，并且注释的范围也不得不相当广"，范围包括：古字、古语和引用古籍的文句与掌故之不易懂者和不常见者；外国语、外国人和引用外籍文句、学说与掌故之不为一般人所熟识者；引用民间俗语和故事等等之不为一般人所熟识者；鲁迅著作中所涉到的当时的人物、掌故与引用的说话和文字，以及一切被鲁迅加了括弧的用语；因文字简练和为了讳忌而隐晦曲折，一般读者不易了解的地方；作品发表时的时代环境和写作的真实用意所在，不为现在一般读者所明了的；等等。①

最后是注释的工作方法。冯雪峰提出，注释主要依靠调查研究的广博和精确可靠，包括对三方面的调查研究：和鲁迅著作有关的古今中外的文籍和文物；一切现在还活着的、熟识鲁迅的或与鲁迅直接有过来往的人；各方面的学问家。②

对于鲁迅著作的注释工作，冯雪峰非常认真。唐弢曾回忆冯雪峰的"学究气"：他"认真地审核每一条注释，仔细地研究每一个措词，字斟句酌，惟恐其有不准确或者不稳当的地方。记得他曾因某些作家在文字上过分拘泥于语法规范而向我表示过不满，以为这样太琐细，太刻板，也太学究气了。从《鲁迅全集》注释的定稿标准看来，雪峰自己就是个十足的学究。但我以为这样的学究是值得尊敬的。我赞成鲁迅说过的一句话：'中国要作家，要"文"，但也要真正的学究。'在这里，学究意味着科学的严格的态度"③。对于注释，冯雪峰认为必

---

① 《冯雪峰全集（六）》，人民文学出版社 2016 年版，第 413 页。

② 《冯雪峰全集（六）》，人民文学出版社 2016 年版，第 414 页。

③ 唐弢：《追怀雪峰》，载包子衍、袁绍发、郭丽卿、王锡荣编：《冯雪峰纪念集》，人民文学出版社 2003 年版，第 97 页。

须加以精细地查考。1952 年，在初读完鲁迅著作单行本最早的四本注释初稿等后，冯雪峰"认为先已经做了一步必要的查考工作和注释文字的初步样子。这都是无论如何必须做的，所以现在你们可以照样努力下去，决不会白做的。查考方面，越精细越好；材料录用在初稿上也多一点好，如你们所说'宁繁毋简'。原始材料，都请保存"①。

与鲁迅的特殊关系，使得冯雪峰天然地拥有整理和解读鲁迅著作的资历与便利。但身在历史之中，也使得他作为编辑出版负责人，承受着历史问题对著作整理的干扰与影响。

在《鲁迅全集》注释工程中，对冯雪峰造成最大影响的，莫过于关于《答徐懋庸并关于抗日统一战线问题》的题解。1935 年底，左翼文艺阵营中发生"民族革命战争的大众文学"与"国防文学"之争。1936 年 8 月 1 日，时任"左联"书记的徐懋庸主动致书鲁迅一封，意在劝和争论的双方。鲁迅当时在病中，冯雪峰根据鲁迅的意见拟稿，经鲁迅补充、修改，写成《答徐懋庸并关于抗日统一战线问题》一文，发表于当年的《作家》八月号。这是鲁迅最后一篇万字长文。编辑《鲁迅全集》时，如何以"题解"这一特殊的注释方式，对这一文章作出符合历史事实的说明，成为一大难题。"所谓题解，是指对于需要特别加以解释说明的篇目，注释者在首个注释中用加长的篇幅来详细阐发，主要是'关于时代环境的说明和带有历史评价的意义。这不仅是关于鲁迅本人的，而尤其是关于和鲁迅有关联的一切人物，事件和思想学说'。"②1957 年 10 月，

---

① 冯雪峰：《1952 年 3 月 20 日致王士菁信》，《冯雪峰全集（七）》，人民文学出版社 2016 年版，第 37 页。

② 黄海飞：《1958 年版〈鲁迅全集〉的编注考释》，《中国现代文学研究丛刊》2018 年第 9 期。

冯雪峰离开人文社领导岗位，不再主持《鲁迅全集》的编辑工作，但仍被要求为该文撰写题解，其间虽多次修改，仍难遂人意，后因此题解屡遭批判。直到 1981 年人文社再版《鲁迅全集》时，才在该文的注释 1 客观交代了其发表情况和有关背景。①

（五）参与外文社版《鲁迅选集》英译项目

除了在人文社主持鲁迅著作的编辑出版工作，50 年代，冯雪峰还策划、参与了外文出版社四卷本《鲁迅选集》英译出版项目。1951 年，外文社改组完成，成为以"文学外宣"为任务的国家机构。主持外文社工作的社长刘尊棋通过编辑李荒芜的介绍，邀请冯雪峰主持《鲁迅选集》的英译项目。翻译家杨宪益曾回忆："我和冯雪峰两个人商量，拟选题，出四卷本的《鲁迅选集》。（拟选入）第一卷（的）都是（鲁迅的）早期作品，包括《野草》《呐喊》《彷徨》《朝花夕拾》，还有短篇小说。（拟选入）后三本（的）都是杂文。因为他（冯雪峰）认为鲁迅的杂文更有价值。我们两个人同意了后三本都用杂文。选哪一篇去掉哪一篇都是由冯雪峰跟我每天下午一块儿商量，定了全部。因为有一部分过去（我们）已经翻译过了，所以就很快，大概两年以内《鲁迅选集》四卷本就出版了。"冯雪峰还应邀为选集第一卷撰写

---

① 参见李新宇：《〈鲁迅全集〉：一条注释的沉重历史》，《东岳论丛》2011 年第 11 期；牛汉：《为雪峰辩诬》，《牛汉诗文集 5》，人民文学出版社 2010 年版，第 838—839 页；[日]丸山升：《由〈答徐懋庸并关于抗日统一战线问题〉手稿引发的思考》，《鲁迅·革命·历史——丸山升现代中国文学论集》，孙歌译，北京大学出版社 2005 年版；程振兴：《被"注释"的鲁迅——以〈答徐懋庸并关于抗日统一战线问题〉题注为中心》，《海南师范大学学报》（社会科学版）2014 年第 2 期。

序文，即《鲁迅的文学道路》。冯雪峰给杨宪益留下非常好的印象："我非常喜欢他（冯雪峰）。他的性情温和，又充满热情，是一位道德高尚的人。"从后来公开刊行的四卷本英文版《鲁迅选集》的目录可以看出，后三本用杂文的提议基本上被采纳。有学者认为，这套书偏重具有战斗精神的杂文，体现出选题策划时冯雪峰主要采取了官方立场，而不只是其个人的文学偏好。这种选择反映了国家机构的文学外宣策略，即借助文学作品译介把鲁迅塑造成"伟大的思想家和伟大的革命家"，而其次才是"伟大的文学家"。①

五、编辑出版烈士遗著与左翼作家著作

除鲁迅著作外，冯雪峰主持人文社时期，还大力推动出版《瞿秋白文集》（4 卷）、方志敏《可爱的中国》与《应修人、潘漠华选集》等，以整理出版遗著的方式向烈士表达敬意。

（一）《瞿秋白文集》

同为左翼文艺运动中理论修养精深的文艺家，冯雪峰与瞿秋白心气相通。两人在严峻的革命岁月中，结下了纯粹、深挚的友谊。1935年 6 月，瞿秋白于福建长汀遇害。据王士菁回忆，在上海鲁迅著作编刊社成立不久，方行就陪着瞿秋白妻子杨之华到武进路编刊社的办公

---

① 汪宝荣：《国家外宣机构发起中国文学外译机制社会学分析——以鲁迅作品英译出版项目为例》，《燕山大学学报》（哲学社会科学版）2019 年第 4 期。

地看望冯雪峰，把一批冒着生命危险保存下来的瞿秋白手稿交给他。当时还有敌机轰炸，手稿保存极为不易。在方行的帮助下，王士菁花了高租金将瞿秋白、方志敏与鲁迅的手稿一起存放于上海外滩金城银行的地下室保险柜中。人文社成立后，王士菁协助冯雪峰夫人搬家北迁时，把《鲁迅日记》和瞿秋白、方志敏与鲁迅的手稿装在一个手提箱里，一起带到北京交给冯雪峰。①

此后，杨之华与冯雪峰为文集的出版不断沟通，并向上级有关部门报告。1950 年 12 月 12 日，杨之华给时任中宣部部长陆定一去函，请示瞿秋白文集出版有关问题。由信中可知，冯雪峰将瞿秋白文集定名为《秋白文集》，并建议将"文学"与"政治"全部出版；只是茅盾、胡乔木、郭沫若等对文学部分的名称与内容有不同意见，加上序言、年谱需要审查，因此杨之华向陆定一请示。杨之华还把冯雪峰就文学部分的意见和目录附上。②1950 年 12 月 31 日，杨之华再次致信中央领导。其中提到，瞿秋白遗著，政治的、文学的大部分已搜集。"文学一部分已由秋白文集编委会作初审，并得定一和乔木同志同意指定冯雪峰同志作最后审阅。"杨之华建议文集名称用第一次编委会决定的《秋白文集》为妥。文学两卷先出；政治部分，建议"先由雪峰同志……编为党内参考资料，一则可供党史研究，二则免遗失"。③1951 年 1 月 15 日，杨之华写信给刘少奇，

---

① 王士菁：《他手中真如捏着一团火——我所知道的〈瞿秋白文集〉出版情况并记雪峰同志》，《新文学史料》1993 年第 2 期。

② 《杨之华为瞿秋白遗著结集事给陆定一的信》，载袁亮主编：《中华人民共和国出版史料 第二卷：1950》，中国书籍出版社 1996 年版，第 794—795 页。

③ 《杨之华为瞿秋白遗著结集事致中央诸同志的信》，载袁亮主编：《中华人民共和国出版史料 第二卷：1950》，中国书籍出版社 1996 年版，第 796—797 页。

再次说明"文学部分已由秋白文集编委会各委员审阅过，并已得宣传部陆定一和乔木同志同意委托冯雪峰同志作了最后审阅"。同时，冯雪峰来信提出意见，希望瞿秋白政治遗著"在中央决定负责同志领导后，也预备出版"。① 但是，在 1950 年纪念瞿秋白逝世 15 周年前后，瞿秋白《多余的话》中的思想引发争议。1953—1954 年出版的《瞿秋白文集》，最终只出版了四卷本"文学编"，"政治编"全部未予整理。1985 年重编瞿秋白文集时，"政治编"要从头做起，十分困难。而"文学编"，因为冯雪峰的整理奠定了基础，出版速度快很多。②

在出版瞿秋白文集的过程中，冯雪峰十分急切与用心。就像鲁迅在《白莽作〈孩儿塔〉序》中所说，"一个人如果还有友情，那么，收存亡友的遗文真如捏着一团火，常要觉得寝食不安，给它企图流布的"③。王士菁回忆，1952 年，每当自己在 8 点钟之前赶到出版社上班时，往往看到连夜工作的冯雪峰还没下班，正忙于编辑《瞿秋白文集》。他戴着老花眼镜伏在桌子上，在暗淡的灯光下，聚精会神地一页一页翻阅文稿或校样。④ 冯雪峰还动员大家的力量来编辑《瞿秋白文集》。《文集》中有关新文字的部分，他通过楼适夷得到倪海曙的帮助，由倪担任校对。新收录的《爱森的袭击》的译文，

---

① 《杨之华为瞿秋白遗著结集事致刘少奇的信》，载袁亮主编：《中华人民共和国出版史料 第二卷：1950》，中国书籍出版社 1996 年版，第 798 页。

② 温济泽：《瞿秋白革命精神对我的影响和〈瞿秋白文集〉的出版》，《党的文献》1999 年第 2 期。

③ 《鲁迅全集》第六卷，人民文学出版社 2005 年版，第 511 页。

④ 王士菁：《他手中真如捏着一团火——我所知道的〈瞿秋白文集〉出版情况并记雪峰同志》，《新文学史料》1993 年第 2 期。

则由出版社外文编辑室的同事认真核对。所收文章最初的出处，在北京查不到的，就叫王士菁写信到上海去，请谢旦如和方行代为查考。他还指示王士菁为瞿秋白著作草拟一些简要的注释，最后由他自己来定稿。冯雪峰主持《文艺报》时，还在1953年第十一号发表瞿秋白的《非政治主义》、《鬼脸的辩护》、《"打倒帝国主义"的古典》三篇遗稿。

《关于女人》、《真假唐吉诃德》、《王道诗话》等12篇杂文，此前分别被编入鲁迅的《南腔北调集》、《伪自由书》和《准风月谈》。这是鲁迅与瞿秋白并肩战斗时，瞿秋白用鲁迅的各种笔名写的一些文章，其中有的是据鲁迅的意见写成的，由鲁迅请人抄写投寄到《申报·自由谈》等报刊。在整理瞿秋白手稿的过程中，王士菁注意到这些篇目的字迹和鲁迅字迹显然不同，书写十分工整，极少改动，便把这一情况向冯雪峰汇报。冯雪峰经过慎重考虑，征求了许广平的意见，并和有关领导商量，决定把这些杂文同时编入《鲁迅全集》和《瞿秋白文集》，"以纪念这两位亲密战友并肩战斗的业绩。上述这一切都说明雪峰同志对《文集》的编辑工作是经过自己的精心考虑和广泛征求意见的，并不像有的人所说：冯雪峰做事喜欢独断专行"①。

瞿秋白的访苏杂记《赤都心史》，其中多处提到托洛茨基。据王士菁回忆，在此之前，中国曾把1938年版《鲁迅全集》赠送给苏联。其中第十七卷收录由日本文艺理论家藏原惟人编译、鲁迅从日文转译的《文艺政策》，其中有托洛茨基的长篇发言。这引起了苏联"老大哥"

---

① 王士菁：《他手中真如捏着一团火——我所知道的〈瞿秋白文集〉出版情况并记雪峰同志》，《新文学史料》1993年第2期。

的不满。为了避免类似问题，有关领导指示将《赤都心史》中有关托洛茨基的记载做了删减。因为这一处理，不少不知内情的人，对冯雪峰多有责难。①

冯雪峰不仅努力推动《瞿秋白文集》尽快出版，还亲自为文集作序。在序中，冯雪峰指出，瞿秋白留下的著作，大部分是关于政治和社会问题的论著与译述，"但瞿秋白同志又是一个著名的有天才的革命作家、批评家和文学翻译家，虽然他不曾有更多的时间从事文学活动，可是他所留下来的文学著译，不仅分量仍然不少，而且无疑是中国现代文学中的十分宝贵的财产。……它们的一个很突出的根本性的特色，就是贯串着一种革命民主主义思想和共产主义思想的启蒙精神，贯串着对于社会的一种现实主义的、彻底的态度"。他认为瞿秋白的文字在今天仍有其战斗作用。尤其对于青年们和文艺工作者，这一文学遗产，更具有深刻的教育意义。他还辩证地指出，也要注意到瞿在个别论点的偏向，例如对五四文学革命的成绩和意义的评价，显然是有些过低的，等等。最后，冯雪峰对文集的编辑工作特意说明：文集分为八卷共四册，收录瞿秋白在文学方面的创作、评论和翻译的重要作品以及《新中国文草案》。政治方面的遗著，将另行处理。文集的编排次序，大体上按照年代先后，同时大体上按照著作和翻译略加分类，也按照创作与论文略加分类。每一种作品，都注明它的出处；而对于有作者手稿保存下来的部分，都曾经用手稿校勘过，并明白注出。文集的各部分，编者都加了一些注释。凡是没有注明"作

---

① 王士菁：《他手中真如捏着一团火——我所知道的〈瞿秋白文集〉出版情况并记雪峰同志》，《新文学史料》1993 年第 2 期。

者原注"或"译者原注"的，就都是编者所加的。^① 由此可见，冯雪峰为编辑出版《瞿秋白文集》考虑得十分周全。为了让广大读者认识到《瞿秋白文集》的意义，冯雪峰在 1953 年 11 月 10 日《中国青年报》发表《向青年读者介绍〈瞿秋白文集〉》一文，号召青年阅读文集，研究作者的革命思想，学习他的战斗精神、文学上的优点和成就。^②1953 年第二十一号《文艺报》发表《〈瞿秋白文集〉第一册出版》，署名《文艺报》编辑部，疑为冯雪峰所作。1955 年 6 月 15 日，为纪念瞿秋白牺牲 20 周年，冯雪峰在《文艺报》半月刊第十一号发表《纪念和学习瞿秋白同志》。《瞿秋白文集》在读者中受到欢迎。据出版总署统计，1953 年，"中国现代和古典的文学名著以及苏联和其他国家的进步文学作品的译本受到广大读者的欢迎。……《瞿秋白文集》出版了 100360 册"^③。

（二）《可爱的中国》

1935 年 8 月，方志敏牺牲。就义前，他在狱中写下了《清贫》与《可爱的中国》两文和一封短信，托人交到鲁迅手里。1936 年 4 月，经历长征的冯雪峰从陕北回到上海，立即去看望鲁迅。鲁迅把方志敏的文稿和信交给他，他当即把方志敏写给党中央的密信转送在陕北的中央。中央指示冯雪峰在上海设法保存两篇文稿。冯雪峰把文

---

① 冯雪峰：《〈瞿秋白文集〉序》，《冯雪峰全集（六）》，人民文学出版社 2016 年版，第 57—60 页。

② 《冯雪峰全集（六）》，人民文学出版社 2016 年版，第 65—68 页。

③ 《出版总署关于 1953 年出版工作和 1954 年方针任务的报告》，载袁亮主编：《中华人民共和国出版史料 1954》，中国书籍出版社 1999 年版，第 5 页。

稿交给保存着瞿秋白部分遗稿的朋友谢旦如。谢是冯 1922 年在杭州读书时因应修人的关系而认识的文友，后来曾开过售卖外国旧书的西门书店、公道书店。冯雪峰曾委托他保存瞿秋白、胡也频、丁玲等人的文稿。抗战时期，谢旦如担心因失火或日寇查抄等情况导致文稿遗失，就铅印出版了瞿秋白的《乱弹》，并将方志敏的《清贫》和《可爱的中国》以《方志敏自传》的书名，用"霞社"的名义铅印出版。上海解放后，谢旦如把保存的全部文稿交还给冯雪峰。方志敏的文稿和短信，因为数量不多，冯雪峰觉得在交给将要成立的革命博物馆保存和陈列之前，可以先影印出版若干本。当时中央宣传部曾经讨论过党内革命烈士著作可否交由私营出版机构来影印的问题。在冯雪峰的努力促成下，经中央宣传部同意，委托上海出版公司影印 3000 本。

冯雪峰亲自撰写了影印本说明。除了交代文稿的来历，还呼吁相关人士提供线索，以便更完整地收集遗著。冯雪峰相信，方志敏一定还写有其他文字，比如给同志和朋友的信、政论和别的文章。他听潘汉年和阿英说，方志敏有四本日记在抗日战争期间曾被带到上海，保存在一个银行的保险箱里。冯雪峰致信阿英，但阿英回信说只听说过，但不知道是哪一家银行。因此冯雪峰特意提出，希望知道下落的人提供线索，以党和人民的力量，逐渐收集。在影印说明中，冯雪峰高度评价文稿的意义。如同方志敏本人以他不朽的革命功勋、不屈不挠为国牺牲的壮烈精神，以一个崇高的共产党员和真正的爱国主义者的榜样，给人民以伟大的教育一样，《可爱的中国》表达了一个共产党员如何拿自己整个的生命为国为民战斗的爱国主义思想和热情，其教育作用同样巨大。"就此可见，收集烈士的遗著以纪念烈士，这是对于我们的一种长远的教育。这是一个伟大的共产党员的、非常朴素的一段自述；同时也是一篇非常真实、优美和有力量的文学作品，我们就准备把它当文学作品铅印出版，以供给广大的读者。"在文末，冯雪峰还就影印的技术性问题，包括原稿的用纸、大小、文章顺序、页码、目次等及影印本的处理办法，逐一说明。[1] 这篇说明，作为附录收入 1952 年 5 月人文社出版的《可爱的中国》铅印本。从其中关于设计与编务工作的详细陈述，可以看出冯雪峰的认真与负责，也体现了他对革命烈士的由衷敬意。

当年协助冯雪峰影印文稿的王士菁，曾撰文回忆冯雪峰在影印此书过程中的事无巨细、不厌其烦。例如，冯雪峰在托王士菁转给唐弢、刘哲民、师陀的信中，逐项交代：

一、《可爱的中国》说明，今寄上。放在前面，"说明"二字二号仿宋，文五号仿宋。

二、原文次序：1，清贫，2，可爱的中国，3，遗信。原文前，"说明"后，似乎可夹一页"目次"如下式：

目次——三号仿宋

清贫 ⟶

可爱的中国 ⟶ 四号仿宋　四边不用框

遗信 ⟶

三、原文稍缩小，如寄来的样本中之稍缩小的那一种。用红

---

[1]　冯雪峰：《〈可爱的中国〉说明》，《冯雪峰全集（五）》，人民文学出版社 2016 年版，第 311—313 页。

丝栏，如原样。

四、信，稍放大；我猜测可照原样放大百分之十五光景。但须印在一面上两旁不大局促为标准。请你们斟酌决定，我"说明"中说放大百分之十五光景的话是可以照你们决定后改正的。

五、我"说明"中最后第三点说"原来的封面是空白的"，但我记不清原来的封面是否空白，如不空白，而有"可爱的中国"的题字，就请把这一句改正为"原来的封面题有'可爱的中国'五字，但没有署名。"

六、我以为可有一扉页，用仿宋字横排，如下式：

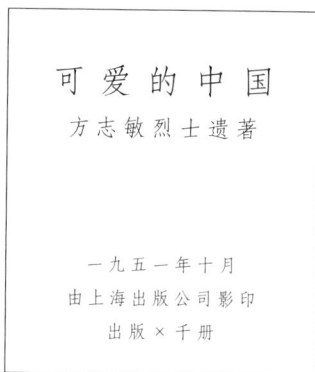

可 爱 的 中 国

方志敏烈士遗著

一九五一年十月
由上海出版公司影印
出版×千册

四边用细线框，不用粗线。字体大小和排列，请你们决定。

再者：原文做版后，请王士菁和唐弢同志仔细看一遍，如并无什么笔误的字，则我说明中最后的一条，请全条取消。我现在已记不清楚了，拜托拜托！ ①

---

① 冯雪峰：《1951年9月6日致王士菁信》（附件），《冯雪峰全集（七）》，人民文学出版社2016年版，第25—26页。

又如，冯雪峰从王士菁那里得知上海出版公司在影印《鲁迅日记》时有错误和偷工减料的情况，担心《可爱的中国》也遭此待遇，因此，在出访苏联前两天，写信给王士菁再次强调此事。① 王士菁由衷地感叹：

> 在这部手稿影印过程中，虽然他（冯雪峰）当时不在上海，出国访问和在北京的工作都很繁重，而他却考虑得十分周到，并时刻记挂着这件工作。他深怕把已经有点损坏的原稿弄脏了，于是指定我必须亲自抄写一份留底；在《说明》上，他一次又一次地修改，付印了，又深怕有错漏的地方，又指定我必须亲自去校对；如何印，印多少，怎样发行，分送给哪些单位和个人，他都一一交代清楚；全书出版之后，又指定我必须亲自把手稿送到北京交给他，由他交给党中央。这决不仅仅是一般的工作上认真负责的精神。这是他对待党的极其深厚的感情啊！②

除了瞿秋白、方志敏，冯雪峰还以编印文集的方式，表达对其他烈士的纪念。1934 年，"湖畔"诗友潘漠华牺牲。冯雪峰一直把出版故友遗著的事放在心上，但他认为潘漠华遗著不多，单独印行一本分量单薄，因此提出与应修人的遗作合印一集。③1957 年 9 月，人文社

---

① 冯雪峰：《1951 年 10 月 20 日致王士菁信》，《冯雪峰全集（七）》，人民文学出版社 2016 年版，第 29 页。
② 王士菁：《一个无私的忘我的人》，载包子衍、袁绍发、郭丽卿、王锡荣编：《冯雪峰纪念集》，人民文学出版社 2003 年版，第 300—301 页。
③ 江天蔚：《我与雪峰往还二三事》，载包子衍、袁绍发、郭丽卿、王锡荣编：《冯雪峰纪念集》，人民文学出版社 2003 年版，第 83 页。

出版《应修人、潘漠华选集》，冯雪峰撰写了《潘漠华小传》和选集序言。选集中的诗作，大多选自《湖畔》、《春的歌集》以及《支那二月》、《晨星》等刊物。在序言中，冯雪峰追记了 20 年代湖畔诗社、晨光社的史事，然后指出编印这一选集"同我们编印瞿秋白、柔石、白莽等人的文集同样，是有双重意义的，为了纪念他们为共产主义事业而牺牲的精神，同时也因为他们在文学上都有贡献。这些作品大部分都写在他们成为共产党员之前，但都可以作为了解当时这样的青年的思想感情状况的资料看，同时作为'五四'以后新文学总的成就中的点滴的成绩也将是不可磨灭的"①。

编辑出版革命阵营中的亡友的文集，是左翼文艺史上的一种传统。如鲁迅为纪念瞿秋白而编辑精美的《海上述林》，"一面给逝者纪念，同时也纪念我的许多精神用在这里"②。知己与同怀的相互纪念，于公于私，都体现了左翼文艺阵营中一种令人感动的文化关怀。历经艰难的革命，当年一起在左翼文艺运动中并肩作战的鲁迅、瞿秋白和方志敏都已去世，只有冯雪峰一人有幸见证他们为之奋斗的理想的实现。编辑出版他们的作品，以表达对左翼文学思想、革命思想的肯定和对先行者、牺牲者的纪念，"嗟余后死者"，冯雪峰的努力，无论是对广大读者还是对他自己，都有着别样的意义。

---

① 冯雪峰：《〈应修人、潘漠华选集〉序》，《冯雪峰全集（六）》，人民文学出版社 2016 年版，第 355 页。

② 许广平：《关于鲁迅先生的病中日记》，《许广平文集》，江苏文艺出版社 1999 年版，第 515 页。

冯雪峰（1903—1976）

《湖畔》诗集

《湖畔》诗集二《春的歌集》

"科学的艺术论丛书"部分书影

冯雪峰编辑的部分杂志

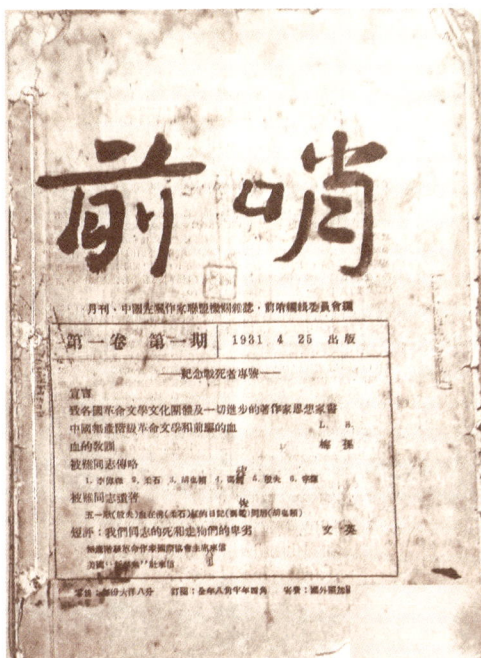

"左联"柔石等五位作家牺牲后，冯雪峰与鲁迅编印《前哨》（纪念战死者专号）

1931 年 4 月 20 日，为纪念《前哨》出版，冯雪峰与鲁迅两家人摄于上海

1951 年 6 月 4 日，冯雪峰被中央人民政府文化部、出版总署聘任为人民文学出版社社务委员

鲁迅著作编校和註釋
的工作計劃綱要
(方針和) 草案

一. 编校

1, 先把著作中最主要的和讀者最
需要的幾種重行校訂, 以便迅速
重印單行本。

2, 在半年内 (即在1951年六月之前) 把
已經印行的全部作品 (翻譯在内)
都校訂完畢, 並在一年内全部都以
(單行本出版)。

3, 把尚未印行的全部日記, 在1951年内
编校好, 並在1951年内出版。(為3註
……, 即以此進版。)

4, 尚未印行的譯碎和左書兩種的编

(再手作决定心)

(樣子而以參理的志書兩種)

二.

校工作, 放在1952年内進行。

5, 在不久後的最近, 登報再搜尋從前還
沒有搜尋到的書簡。

6, 我們覺得鲁迅著作將來在國内可以下
列的五種版本由國家出版發行:

甲, 單行本 (著作的全部, 翻譯和考證及
编释的到較重要的和對
沉生的特書還有需要的。)

乙, 著作部份的全集本

(即不收翻譯部份, 還有兩
種编法, 一種即叫"三十年
集", 坚照在"三十年集"外
二即考證部份的编貴書而把
書簡全集和選文收進去。翻
兩種编法, 待大家决定和討
編後決定一樣。)

冯雪峰所写《鲁迅著作编校和注释的工作方针和计划草案》手迹

1953 年，鲁迅著作编刊社同人与许广平、内山完造合影。左起：张梦麟、孙用、杨霁云、王士菁、楼适夷、许广平、内山完造、冯雪峰

冯雪峰为《可爱的中国》影印版所写说明手迹

六、扶持新生创作力量

作为为推动人民文学事业而建立的国家文学出版机构，培养社会主义新作家、青年作家，提高作家创作水平，繁荣社会主义文学，成为人文社的重要任务。人文社初创时期出版的重点丛书"中国人民文艺丛书"、"文艺建设丛书"、"解放军文艺丛书"等，收录了诸多当代青年作家的力作。在扶持青年新生创作力量方面，冯雪峰做了大量工作。其中，他对杜鹏程《保卫延安》一书出版的助推，充分体现了一位出版家的职业担当与精准眼光。

1947年，26岁的杜鹏程以西北野战军随军记者的身份，参加了著名的延安保卫战。在这个过程中，杜鹏程写下近200万字的日记和素材。保卫战中战士的英雄行为，深深地感染着他。他下决心创作一部反映延安保卫战的长篇小说。但考虑到自己没有小说创作经验，因此打算先写一部长篇报告文学。历时九个月，杜鹏程完成了近百万字的报告文学。但在阅读了不少战争小说以后，他对自己冗长、杂乱、枯燥的作品不满，深感无法把战士的精神表达出来："也许写不出无愧这伟大时代的伟大作品，但是，我一定要把那忠诚质朴、视死如归的人民战士的令人永远难忘的精神传达出来，使同时代人和后来者永远怀念他们，把他们当作自己做人的楷模。这不仅是创作的需要，也是我内心波涛汹涌般的思想感情的需要。"[1]因此，杜鹏程对作品大动手术，九易其稿。1953年底，在新华社新疆分社做记者的杜鹏程，

---

[1]　杜鹏程：《重印后记》，《保卫延安》，人民文学出版社1979年版，第514—515页。

终于完成了这部小说。解放军总政治部文化部把他从新疆调到北京改稿，拟把小说列入由人文社出版的"解放军文艺丛书"。总政文化部把小说打印出来，分送人看，并拟召开会议请与会者提意见并讨论如何修改。在这个过程中，杜鹏程的恩师、诗人，时任西北艺术学院院长的柯仲平，让杜鹏程将稿子送给冯雪峰审阅。此前柯曾特地写过一封信给冯雪峰，请冯对此稿多提意见。

收到稿子并翻阅后，冯雪峰深受吸引，看了一个通宵。他觉得这是当时革命战争题材作品中最好的一部。第二天，冯雪峰写信约杜鹏程来其住处苏州胡同 16 号。过了两天，又致信杜鹏程："你的小说，我兴奋地读着，已经读了一半以上，估计很快可以读完。我因事多，否则，我一定一口气读完，不愿意中断的。如果你有时间，十一日五时半到我家吃便饭，趁吃饭，我们谈一谈。"如约见面后，冯雪峰试探性地指着手稿问杜鹏程："你觉得你写的作品怎么样？"为写作历经四年摸索又到陌生的北京来埋头改稿的杜鹏程，一时不知如何回答。当冯雪峰再次问起时，他说："我心里很矛盾，甚至可以说是痛苦，我简直说不清……"在对杜鹏程的情绪有所觉察后，冯雪峰用手按着那一大摞书稿，深有感触地说："这是可以理解的。一个运动员集中全部精力向前跑的时候，终点和周围的事物，他都是顾不上看的。"当得知杜鹏程只有 32 岁时，冯雪峰说："你这样年纪就能写出这样的作品，尤其是能写出描绘彭德怀将军形象那样的文章，真是很不容易。要我写我也不一定能写得出来。这是一部史诗，当然在艺术的辉煌性上它比不上《铁流》、《水浒》和《战争与和平》。只能说这是一部史诗的初稿，将来你还可以不断修改。我之所以说修改要在将来，而不是现在，是因为这个作品的不足之处反映了我们现有的文学水平，等待将来我们水平提高了，你的经验也多了，你自然有能力把它搞成与古典杰作争辉的作品。我认为你是有才能的，是个很有前途的人。"冯雪峰还提醒杜鹏程，别人提的意见，有的要听，但不要为其所左右，不要乱改，不要把这部作品破坏了；并告知他，自己已经和出版社的同事商量，要尽快让作品出版。冯雪峰同时也不客气地指出作品存在的问题，包括作品的精神、人物、叙述、描写、语言以及抒发感情的方式等等。他说："你写东西是创作，读者读作品时也在进行创作。要相信和尊重读者。要含蓄，要让人有回味余地，不要一有机会你就跳出来讲一大套道理，而且不管人物处境怎样，都要说到'党的培养呀'等等，这是不必的。你我谈话，没有说到党的培养，难道这能说明我们忘记自己是共产党员，忘记了党的培养吗？不会的。生活的实际情况是怎样的就怎样写；尊重生活，对一个作家来说，没有比这更重要的。"甚至连作品中一句不确切的话、一个生僻的字眼，冯雪峰也不放过。比如写作手法，冯雪峰指着第六章第一节的开头说："你写'无定河呜呜地向东流去'！你去看看中外的那些好作品，人家绝对不会这样去写一条历史上有名的河流的！"直到深夜三更，杜鹏程才离开冯家。与冯雪峰谈话后，杜鹏程胸中的焦灼、苦闷和不安一扫而光。"他和我素不相识，只是看到一部作品，觉得这作品还有某些可取之处，便为我们文学事业而那样激动，仿佛给他自己以及对他全家人都带来什么欢乐似的。"

就在两人见面畅谈后的第二天，杜鹏程又接到冯雪峰的电话，说对昨天的谈话感到犹未尽兴，希望晚上再谈一次。当再次来到冯家后，冯雪峰告诉杜鹏程，自己已经向《人民文学》编辑部作过推荐，希望杂志选发部分章节。还说已经与人文社几位负责人商量过，希望他用两周时间，对小说一些地方稍作修改，在 1 月 10 日左右交给出版社，争取在 3 月份能与读者见面。主编《人民文学》的沙汀，把留在冯雪峰处的打字稿拿去，选出小说第五章即《长城内外》，先在《人民文学》上发表，引起读者的强烈反响。

在出版社排版校对的同时，杜鹏程做了通篇修改，出版社只好重排。二校清样送来后，编辑部叮嘱他千万别再大改，可他又改得非常乱，只能再次重排。三校清样，编辑又嘱咐说：绝对不要大动了。结果仍有改动，有一些页码，必须重排。近半年的琢磨，令杜鹏程心里十分愧疚。冯雪峰安慰他说："别把这些事情放在心里，一个作家就是这样。果戈理初稿很粗糙，也是经过多次修改，一次比一次更好——这从别林斯基的评论文章中可以看出来。"①

书名，杜鹏程与冯雪峰初定为《延安保卫战》。后来杜鹏程说，总政治部有人认为改作《保卫延安》更好些，冯雪峰表示认同。1954 年 6 月，《保卫延安》列在"解放军文艺丛书"中出版。小说受到读者热烈欢迎，短短几年便发行一百多万册，"创造了当时我国长篇小说发行数字的纪录"②。

除了以人文社负责人的身份推动《保卫延安》的顺利出版，冯雪峰还以评论家的眼光，努力向读者介绍这部小说，推动其经典化。在第一次见面时，冯雪峰便告诉杜鹏程，他准备写一篇评论文章，因为自己看了这部作品，有话要说。这就是不久之后写出的《论〈保卫延安〉的成就及其重要性》，发表于《文艺报》1954 年第十四、十五号，

---

① 杜鹏程：《雪峰同志和〈保卫延安〉》，载包子衍、袁绍发、郭丽卿、王锡荣编：《冯雪峰纪念集》，人民文学出版社 2003 年版，第 339—353 页。
② 潘旭澜：《论杜鹏程的小说创作》，《文学评论》1980 年第 1 期。

全文近两万字。在其中，冯雪峰认为："这本书的很大的成就，我觉得是无疑的。它描写出了一幅真正动人的人民革命战争的图画，成功地写出了人民如何战胜了敌人的生动的历史中的一页。对于这样的作品，它的鼓舞力量就完全可以说明作品的实质、精神和成就。这部作品，大家将都会承认，是够得上称为它所描写的这一次具有伟大历史意义的有名的英雄战争的一部史诗的。或者，从更高的要求说，从这部作品还可以加工的意义上说，也总可以说是这样的英雄史诗的一部初稿。"之所以说称得上是一部史诗，在冯雪峰看来，一个主要原因，即在于作者"掌握了这次战争所以胜利的关键和依靠来达到胜利的全部力量，掌握了这次战争的根本的和主要的精神，于是也就掌握了它的全面的精神"。与此同时，"最有关系的，是作者掌握了这次战争胜利的关键和全部力量，也就使他掌握了在战争中人们精神发展的关键和规律，掌握了典型创作的法则"。"作者描写人物，都根据这次战争的艰巨性、战争发展及其巨大胜利的要求，都使人物服从这样的要求。然而他所描写出来的人物的性格，都是深刻的、丰满的、生动的。""全书的语言也显得生动、有力、有深刻性、有节奏、有时富有诗意，使我们觉得这书中的语言已具有和作品所要表现的内容及精神相一致的性格。"冯雪峰也提出了这部作品的不足："从整部作品来说，它显然还可以写得更精炼些。如果更精炼些，它的艺术性也一定更提高，更辉煌。以这部作品所已达到的根本的史诗精神而论，我个人是以为它已经具有古典文学中的英雄史诗的精神；但在艺术的技巧或表现的手法上当然还未能达到古典杰作的水平。也就是说，在艺术的辉煌性上，还不能和古典英雄史诗并肩而立。但这部作品有使它的艺术性更提高而达到更辉煌，以至接近古典杰作水平的可能性和基础，因为它已具有坚实的英雄史诗精神，同时在艺术描写上留有今后可以一次一次加以修改和加工的余地。如果作者愿意并认为有必要，在将来是可以再加工的，主要的就是使作品的结构能够更适合于一些主要人物之更集中的描写，以使作品更能在人物的集中描写上去反映战争的精神。这种加工，以及全书描写上更精炼些，我觉得是完全可能的。但是，即使再加工，也不是在现在，应该在作者的才能更成长和成熟的时候。我们现在应该先满意于这样的成就。"①像其诸多评论文章一样，冯雪峰对年轻作家的作品，既有肯定与鼓励，又有宽容与要求。杜鹏程读到这洋洋近两万字的评论文章，非常激动。"这不仅是因为他对这本书评价高，而是他卓越的见地，犀利的眼光，独特的论断和出自内心的热情，使我看到：只有具有久经考验的革命家，知识渊博的学者和对中国革命以及新文学具有强烈而深厚感情的人，才能写出这样的文章。"②

作为一名文艺理论家与出版家，冯雪峰一直以"史诗"为文学的最高追求，认为这"是人民对于文学的更高的要求的表示"。③1947年，他在为诗人玉杲的叙事长诗《大渡河支流》撰写序言时，便将其称赞为"珍贵而重要的史诗"④。担任《文艺报》主编后，冯雪峰在《文艺报》上称丁玲的长篇小说《太阳照在桑干河上》在一定高度上"成

① 冯雪峰：《论〈保卫延安〉》，《冯雪峰全集（四）》，人民文学出版社2016年版，第207—223页。

② 杜鹏程：《雪峰同志和〈保卫延安〉》，载包子衍、袁绍发、郭丽卿、王锡荣编：《冯雪峰纪念集》，人民文学出版社2003年版，第346页。

③ 冯雪峰：《〈太阳照在桑干河上〉在我们文学发展上的意义》，《冯雪峰全集（五）》，人民文学出版社2016年版，第386页。

④ 冯雪峰：《〈大渡河支流〉序》，《冯雪峰全集（五）》，人民文学出版社2016年版，第235页。

为一篇史诗"①。但真正从历史和美学的角度对如何艺术地完成"史诗"的创作进行阐释，开始于他对《保卫延安》的评论。"冯雪峰敏锐地认识到《保卫延安》的'史诗性'在新生的共和国文坛上的重要意义并给予高度的评价，不仅第一次从理论高度上将'史诗性'作为长篇小说的一种艺术品格，认为史诗'是人民对于文学的更高的要求的表示'，而且将其作为长篇小说艺术的最高追求予以倡导与推扬，奠定了'十七年'时期人们对长篇小说'史诗性'理解的基础，开一代文风，也导引了'十七年'长篇小说的创作实践，使得'史诗性'成为'十七年'长篇小说创作最重要的时代品格。"②

冯雪峰的肯定，对杜鹏程的创作产生了终身的影响。与冯雪峰的交谈，使杜鹏程对自己的创作产生了极大信心。深受感动的杜鹏程对冯雪峰说："作品是我写的，但是读了你的文章，我仿佛才对它看得更清楚了。你指出的东西，有些我写作时并没意识到。"对这种现象，冯雪峰解释说："真正从生活中来的作品，常常会带来许多作家自己意识不到的东西。文艺评论的任务之一，就是要指出形象显出来而作家本人尚未意识到的东西。"他还笑对杜鹏程说："作为一个作家，我对你把稿子反复修改，非常赞成，可是编辑部的同志说吃不消。这是一个矛盾！"③1956年，杜鹏程对《保卫延安》进行了较大的修改，出

---

① 冯雪峰：《〈太阳照在桑干河上〉在我们文学发展上的意义》，《冯雪峰全集（五）》，人民文学出版社 2016 年版，第 386 页。

② 陈思广、徐家盈：《史诗"是人民对于文学的更高的要求的表示"——冯雪峰与〈保卫延安〉的史诗性追求及历史意义》，载陕西师范大学人文社会科学高等研究院编：《大西北文学与文化》第三辑，作家出版社 2022 年版，第 13 页。

③ 杜鹏程：《雪峰同志和〈保卫延安〉》，载包子衍、袁绍发、郭丽卿、王锡荣编：《冯雪峰纪念集》，人民文学出版社 2003 年版，第 346 页。

版了第二个版本。为了配合这次发行，上海新文艺出版社将冯雪峰的评论文章以《论〈保卫延安〉》为名推出单行本，列入"文艺作品阅读辅导丛书"中，印刷了 4 万册。可以说，冯雪峰的深度评论，为小说提供了一种兼具革命家精神与专业理论修养的加持。1979 年，小说重版时，应杜鹏程的要求，人文社将《论〈保卫延安〉》这篇评论作为序言印在卷首，以表达对冯雪峰的深切悼念。

"在探索社会主义文艺的过程中，冯雪峰一旦发现新人，发现反映革命和建设的优秀书稿，他是这样的兴奋，总希望文艺的真实性和思想性能在高水平上结合起来，于是倾全力浇灌它、培育它。"[1]冯雪峰对杜鹏程的扶持，充分体现了他作为一个人民出版家的情怀。在推动《保卫延安》出版的过程中，冯雪峰既是革命战争书写主流思想的把关人，同时又表现出文艺理论家、专业出版人的文艺审美水准，时代主流的要求与编辑个体的审美标准做到了完美的结合。早在 1936 年，冯雪峰就对批评家的态度和作风提出建议，认为要竭力克服在理论上的关门主义与机械观点，要做到不务高谈与空名，而应脚踏实地地"实做"；批评不应着重于消极的指摘，而应着重于积极的评价、分析和鼓励；批评家对于作家，应当保持一种同志的亲爱的态度；批评家应多学习，学点常识，在生活上多学点社会经验，向作家学习，去了解创作是怎么一回事。[2]冯雪峰对杜鹏程的评论与扶持，体现了一位批评家应有的态度与作风。

---

[1] 陈琼芝：《我对冯雪峰同志的认识——在首届冯雪峰研究学术讨论会的发言》，载包子衍、袁绍发、郭丽卿、王锡荣编：《冯雪峰纪念集》，人民文学出版社 2003 年版，第 413 页。

[2] 冯雪峰：《对于文学运动几个问题的意见》，《冯雪峰全集（五）》，人民文学出版社 2016 年版，第 108—109 页。

从 1951 年出版第一本小说《平原烈火》起[①]，冯雪峰主持下的人文社（包括副牌社作家出版社）在 50 年代，出版了一大批影响深远的革命历史小说。除《保卫延安》外，还有如柳青的《铜墙铁壁》、孙犁的《风云初记》、李英儒的《战斗在滹沱河上》、袁静与孔厥的《新儿女英雄传》、曲波的《林海雪原》、杨沫的《青春之歌》、李英儒的《野火春风斗古城》、吴强的《红日》、冯德英的《苦菜花》、梁斌的《红旗谱》等。据统计，由人文社初版、累计印数超过 50 万册的革命历史小说，计有《吕梁英雄传》（152 万册）、《暴风骤雨》（84 万册）、《保卫延安》（238 万册）、《林海雪原》（350 万册）、《青春之歌》（300 万册）等。[②] 这些当代革命历史小说，在审美形态上有着示范与引导的作用，在当代文学阅读史上产生了巨大影响，成为突出的文化现象。人文社出版革命历史小说，为广大读者提供了喜闻乐见的精神食粮，丰富了工农兵的精神生活。更重要的意义还在于，它以文学的方式诠释了中国革命的人民史观。革命历史小说，在不同的时间曾使用"史诗"、"红色经典"等多种指称。它不仅指"长篇"的艺术形态或"革命历史"题材等，更指它在承担对革命历史的讲述的有效性。[③] 具体说就是，它讲述的是特定的历史与革命，即中国共产党发动、领导革命，经历曲折之后最终走向胜利的故事。其目的与作用，在于"以对历史'本质'的规范化叙述"，为新社会的真理性作出证明，以文学

---

① 《文艺报》第四卷四期（1951 年 6 月 10 日）封三刊出书讯。

② 吕惠民：《40 年代来我国部分出版社发行在 50 万册以上的图书目录（一）》，《中国出版》1989 年第 10 期。吕惠民：《40 年代来我国部分出版社发行在 50 万册以上的图书目录（二）》，《中国出版》1989 年第 11 期。

③ 洪子诚：《问题与方法——中国当代文学史研究讲稿》，北京大学出版社 2010 年版，第 17 页。

的方式，推动思想的意识形态规范化。[①] 在革命过程中，共产党总结出革命史观与人民动力史观，将"人民"视为革命历史的创造者。冯雪峰在评论《保卫延安》以及其他当代文学作品时，多次强调以文学描写新英雄、新人物，以社会主义思想"教育读者与观众"，"武装自己"，是"人民要求"。[②] 革命历史小说所承担的，正是这样一种用纸建一座"人民英雄纪念碑"，与人民分享革命记忆，用"人民的意志"、"人民的欢笑"教育广大人民群众，激发"人民力"的意识形态功能。

七、编辑出版五四文学作品

在毛泽东《新民主主义论》、郭沫若第一次文代会总报告等经典文本中，五四运动被确定为旧民主主义文化与新民主主义文化的分界；"五四"后的新文艺，被定性为无产阶级领导的人民大众反帝反封建的新民主主义的文艺。[③]1953 年召开的第二次文代会，确立"社会主义现实主义是新文学的主流"。"五四"至延安座谈会时期的文学，被视作社会主义现实主义的萌芽；座谈会至 1953 年，则是更高阶段的发展。在此文艺思想影响之下，"五四"以后的文学与《讲话》以后的文学，并无性质区别，而仅仅是"社会主义思想因素"的程度差

---

① 洪子诚：《中国当代文学史》（修订本），北京大学出版社 2007 年版，第 94—95 页。

② 冯雪峰：《克服文艺的落后现象，高度地反映伟大的现实》，《冯雪峰全集（六）》，人民文学出版社 2016 年版，第 3—8 页。

③ 中华全国文学艺术工作者代表大会宣传处：《中华全国文学艺术工作者代表大会纪念文集》，新华书店 1950 年版，第 35—36 页。

异而已。出版五四文学作品，由此获得了政治性保护。1954 年，中宣部在协调人文社与上海新文艺出版社的分工时认为，人文社本来应成为以出版中外古典文学和中国现代文学优秀作品为主的专业社，而新文艺社则以出版中国及外国现代文学作品为主，但因为这种分工的条件尚未成熟，因此决定经过编选的五四新文学代表性作品统归人文社出版。① 人文社因此获得传承、整理五四新文学遗产的专有权利，加快了五四文学作品出版的步伐。

作为五四新文学的参与者与受益者，冯雪峰对五四新文学有着深刻的认识。总体上，他认为，"'五四'的文学革命和新文学运动的历史意义，在于它是反映了中国人民的新民主主义革命的历史要求与政治内容"。以鲁迅为代表、以现实主义为主潮的五四新文学，由于其适应革命的历史要求和任务的需要，具有统一战线性质，即"是无产阶级领导的、统一战线的、人民大众的反帝反封建的文学运动"。因此，丁玲、张天翼、沙汀、叶紫等左翼青年作家以及茅盾、叶圣陶、巴金、曹禺、老舍等作家的作品，从现实主义的基本方向说，都属于无产阶级现实主义的作品。② 与资产阶级民主思想不同，五四新文学最根本的因素是社会主义因素，要经过新民主主义革命走入社会主义，但是每个人的世界观和思想方法有所差别。③ 在冯雪峰看来，现实主义应包括人类一切现实主义的经验，而不只是苏联的文艺理论，

---

① 《中央宣传部改进文学和美术出版工作会议纪要》，载袁亮主编：《中华人民共和国出版史料　1954》，中国书籍出版社 1999 年版，第 202 页。

② 冯雪峰：《中国文学中从古典现实主义到无产阶级现实主义的发展的一个轮廓》，《冯雪峰全集（五）》，人民文学出版社 2016 年版，第 400—419 页。

③ 冯雪峰：《中国现代文学作品的宣传》，《冯雪峰全集（六）》，人民文学出版社 2016 年版，第 190—191 页。

所以他认为，新中国成立后对以民主主义革命思想为主潮的"五四"以来各时期的新文艺的基本思想总结不够。[①] 在这种五四文学观的指导下，冯雪峰大力推动出版五四新文学作品，为当代现实主义提供资源。

1954 年 10 月，冯雪峰在全国第一届公共图书馆工作人员训练班上的讲话中提到，人文社出版的"五四"以来的作品有鲁迅作品的单行本、《瞿秋白文集》、郭沫若的《女神》、沙汀的小说集，准备出版叶圣陶、叶紫、许地山、张天翼、冰心、老舍等人的作品。出版这些作品的原因，是"从这些作品中可以看出我国新文学的发展情况，可以看出我国文学作品的大概方向"。在出版过程中，正如冯雪峰所分析的，五四新文学的新民主主义性质，虽然有社会主义因素，但还不是社会主义现实主义，因此，"一些作品的重新出版，作者是要进行适当的改写和自我批判的，让作品的主要意义更明确起来，使之为人们更好地了解。总之，这些作品的主要特点是与革命斗争有联系"[②]。

在冯雪峰的领导和推动下，人文社出版了《家》、《子夜》、《骆驼祥子》、《女神》等五四新文学的单行本。1952 年起，人文社接管了此前开明书店"新文学选集"出版事宜，先后出版如下选集：

1952 年：《鲁迅小说集》。

1953 年：《夏衍剧作集》、《沙汀短篇小说选集》、《艾芜短篇小说选集》。

---

① 冯雪峰：《论民主革命的文艺运动》，《冯雪峰全集（四）》，人民文学出版社 2016 年版，第 5—7 页。

② 冯雪峰：《中国现代文学作品的宣传》，《冯雪峰全集（六）》，人民文学出版社 2016 年版，第 191—192 页。

1954 年：《柔石小说选集》、《曹禺剧本集》、《殷夫诗文选集》、《吴组缃小说散文选集》、《冰心小说散文选集》、《丁玲短篇小说选集》、《胡也频小说选集》、《魏金枝短篇小说选集》、《洪深剧作选》、《郁达夫选集》、《鲁彦选集》、《叶圣陶短篇小说选集》。

1955 年：《艾青诗选》、《叶紫创作集》、《唐弢杂文选》、《田汉剧作选》、《巴金短篇小说选集》、《闻一多诗文选集》、《绀弩杂文选》、《朱自清诗文选集》、《巴金散文选》、《风雪集》（吴祖光）、《丁西林剧作选》、《过去的脚印》（靳以）、《蒋光慈诗文选集》、《茅盾短篇小说选集》、《冯至诗文选集》。

1956 年：《岁寒集》（陈白尘）、《遥夜集》（柯灵）、《欧阳予倩剧作选》、《老舍短篇小说选》、《臧克家诗选》。

1957 年：《阳翰笙剧作选》、《散文选集》（何其芳）、《戴望舒诗选》、《蕙的风》（汪静之）、《应修人、潘漠华选集》、《沈从文小说选集》、《废名小说选》、《王统照短篇小说选集》、《缘缘堂随笔》（丰子恺）。

1958 年：《许地山选集》、《刘半农诗选》、《赵树理选集》、《殷夫选集》、《柔石选集》、《刘大白诗选》、《萧红选集》、《王统照诗选》。

1959 年：《沙汀选集》、《艾芜选集》、《瞿秋白选集》、《草明选集》、《叶紫选集》、《沫若选集》、《鲁迅选集》、《巴金选集》、《茅盾选集》、《欧阳予倩选集》、《夏衍选集》、《田汉选集》、《叶圣陶选集》、《老舍剧作选》、《周立波选集》。

在单行本、选本的基础上，人文社开始系统整理出版五四作家的文集、全集，相继出版了 17 卷本《沫若文集》全集文学编（1958—1963 年）、10 卷本《茅盾文集》（1958—1961 年）、16 卷本《巴金文集》（1958—1962 年）、4 卷本《洪深文集》，以及《叶圣陶文集》和《郑振铎文集》等。①

八、以朴学家精神从事古籍整理出版

在 1958 年初国家再次调整出版分工，重新界定商务、中华两家老字号出版社主营业务之前，50 年代中国古典文学和古籍出版主要由人文社（包括 1954 年设立的副牌"文学古籍刊行社"）、古籍出版社、古典文学出版社等承担。在"古今中外，提高为主"出版方针的指导下，冯雪峰认为人民文学的建设，不仅要有现当代文学，还要着手整理古代文学遗产。他网罗一大批学养深厚的古典文学编辑从事古籍整理出版，重点推动了《水浒传》（聂绀弩主持）、《三国演义》（顾学颉等整理）、《红楼梦》（汪静之等整理）、《西游记》（黄肃秋等校注）和《儒林外史》等古典小说的整理出版工作。

人文社创立伊始，古典文学整理与出版方面，首要任务是探索出一整套方法、体式以为全国树立典范。1953 年，刚到古典部的舒芜向冯雪峰请示古典文学的整理出版如何开展工作，冯雪峰确立的原则是：首先，要全面。中国古典文学，从《诗经》、《楚辞》直到晚清小说，都要整理出版，现在先整理出版《水浒传》、《红楼梦》、《三国演义》等小说。其次，有先后主次。重要的如李、杜，先出选本，再出全集；次要的如韩、柳，只出选本。其三，不能妄删。"整理时要发扬朴学家的精神，目的是供给读者一个可读的本子"，而不能像开《四

---

① 以上据人民文学出版社编《人民文学出版社六十年图书总目（1951—2011）》（王海波辑录，人民文学出版社 2011 年版）整理。

库全书》馆与太平天国时期所做的那样，随意删改。长篇小说或诗文，可选可不选，但如果选了就不能删改，除非是大段的直接描写的淫秽字句。舒芜对这些话非常认同，有明确澄清、昭若发蒙之感。因为当时迫切需要国家文学出版社为处理古典文学、古籍确立一个标杆性的原则，冯雪峰的意见，"等于整理出版古典文学的最基本的方针"。青年编辑李易向冯雪峰请教在整理古典文学作品的工作中究竟怎样体现批判性，冯雪峰答复称，"批判就是弄清楚。并不是把一个东西批判成别的样子，才是批判；你把它解释清楚，还它本来面目，就是批判"，"整理古典文学作品，主要就是认真选底本，做校勘，加注释，供给读者一个可读的本子"。在整理出版古典白话小说时，冯雪峰坚持书前不加长篇大论的序言，而只要交代整理情况、介绍作者平生即可。人文社的古典白话小说，从此形成固定的编辑出版格式：前面只有《出版说明》与《关于本书的作者》各一篇，质量经得起时间考验。这在当时是要顶住内外上下各种压力的。舒芜认为，当时如果不是冯雪峰坚持，而听任大搞所谓"批判分析性的前言"，就会闹笑话，以致"三十年前之庄严谠论，皆三十后之梦呓笑谈"①。

"从《诗经》、《楚辞》直到晚清小说，都要整理出版"、"供给读者一个可读的本子"、"批判就是弄清楚"等指示，充分表明冯雪峰对待古代文化遗产全面、开放的态度以及区分整理与研究、要求客观整理的原则。强调文化遗产整理编辑工作坚持客观性，是冯雪峰的一大贡献。舒芜以同事张友鸾注释整理的《水浒传》为例，说

---

① 舒芜：《大寿薄礼》，载屠岸等：《朝内 166 号记忆》，人民文学出版社 2016 年版，第 379—381 页。《舒芜口述自传》（中国社会科学出版社 2002 年版，第 251—252 页）回忆与此类似。

明注重注释体例的客观性不仅是对乾嘉之学的继承，而且还有新的发展。发展体现在两方面：一是注的对象，是古代民间的白话小说，不是正经正史、高文大册；二是服务的对象，是给新社会的青年，而不是旧社会传统教育之下的士子。因此，注释的方法与旧式的乾嘉注释必然不同。这种新特点"体现在简约质朴、客观冷静的注文注例之中，不是纵横议论，泛滥无归；注释重在帮助读者理解，同研究文章重在一家之言也不一样"，又继承了乾嘉注释之学的好传统。此后人文社出版许多中国古典文学读物，推广、完善《水浒传》校注工作的经验，力求适应新时代新读者的需要，通过注释把普及性、科学性、批判性统一起来。这种科学的整理方法，取得很好的效果。聂绀弩领导的古典部，在编辑工作中，把鲁迅学派的颠覆性与冯雪峰倡导的朴学精神很好地结合起来。① 人文社古典文学书籍的出版，以其整理出版工作中体现出真正的批判继承的方法，成为当时全国出版界的参照。

但是，在 50 年代后期，随着政治环境及其所影响的文化观念的改变，冯雪峰坚持书前不加长篇大论的序言而只简要交代整理情况并介绍作者的做法，难以继续，而"批判分析性的前言"开始流行。1958 年，人文社古籍组对已经出版的中国古典文学自我批评，认为其缺点，"最主要的是批判性不够，动员古人为今人服务的精神不够，形成了厚古薄今的倾向；最突出的表现在前言或后记上面，也表现在选目、注释和校勘等方面"。前言、后记的缺点，"主要是脱离政治，艺术第一，脱离现实，倾向复古，一味肯定，不加

---

① 舒芜：《序》，载张友鸾：《古典编余录》，人民文学出版社 2011 年版，第 137 页。

批判；贵族文体，学院风格；四平八稳，但求无过；连篇累牍，不能终卷等等。这样的前言或后记，不但不能帮助读者正确地对待文学遗产，反而会把读者引到是古非今的错误道路上去。我们希望一切担任古典文学编选整理工作的作者，今后特别注意前言或后记的写作，站稳马克思主义立场，力求写得正确或接近正确，坚决贯彻批判地继承遗产的方针，面向广大读者。一切为了帮助读者吸收古典作品中民主性的精华，剔除其封建性的糟粕，以便辅助现代文学，培养共产主义的新人，为社会主义经济基础服务，为建设社会主义的民族的新文化服务。……在选目方面，希望能做到突出精华，摒弃糟粕，反对兼收并蓄，瑜瑕莫辨。在注释方面，希望能做到有思想性，有批判性，扼要详明，解决问题，反对罗列旧说，客观排列；在校勘方面，希望择善而从，便于读者，反对矜奇炫博，徒增纷扰。……"①五四文学编辑组希望作家与人文社多合作，共同来整理出版五四新文学遗产，希望作家们编选各种文选，并撰写前言、后记。"作家们熟悉自己的作品以及写作的时代背景，因此无论在精选中的存精去粗，序言中用马列主义的观点对作品作必要的分析，以及正文中为今天的读者所需要的注释等等，只有作家们自己动手，才容易做到比较中肯而确切。"②及至1959年，人文社在发布年度出版计划时，特意强调"中国古典文学读本丛书""每书前都加新的注释和分析批判性的前言"，古典文学名著丛书"书前都附有

---

① 《厚今薄古——对古典文学整理者的要求》，《文学出版通讯（内部通讯）》1958年第1期。

② 《希望作家与我们合作，共同来整理出版"五四"新文学遗产》，《文学出版通讯（内部通讯）》1958年第1期。

分析批判性的前言"。①1961 年规划的"外国古典文学名著丛书"的《编辑说明》强调："序文力求用马克思主义的观点，根据批判继承的原则和一般读者的知识水平及思想情况，阐明积极意义，批判消极因素，作出恰当的评价。序文要点包括：一、作者的时代背景；二、作者的生平和创作道路；三、作者或者作品在文学史上的地位及其影响；四、对作品的思想和艺术的分析，以第四点为重点。"② 由译者、专业学者撰写前言，交代作品的社会历史背景、主题思想、积极意义和时代局限等，用以引导、规范读者的接受方向，成为人文社编辑工作中的通行做法。在出版物的前言、后记、注释中，以"人民性"为标准，对不符合马克思主义原则等规范的内容提出"批判性继承"的要求，本身是一种理性的编辑出版规范。但对"人民性"标准的机械性理解，使得冯雪峰所倡导的以朴学精神从事中外文学遗产整理与出版工作所体现出的科学性、学术性大受影响。

在众多古典小说的整理出版中，冯雪峰对《水浒传》情有独钟。黄伊提到，人文社出版了很多优秀的古典文学作品，其中打头炮的是"在首任社长冯雪峰的指导下，副总编辑兼古编室主任聂绀弩亲自参加校订的《水浒传》"③。冯雪峰曾为《水浒传》写下数万字的长文《回答关于〈水浒〉的几个问题》，对小说的版本、真实性、作者、农民革命思想等进行深入论析。其中冯雪峰谈到整理出版《水浒传》七十一回本与一百二十回本的原因。七十一回本，是根据旧七十回本即金圣叹本，由作家出版社将金圣叹篡改坏了的地

---

① 江长远：《文学书籍光彩夺目，人民文学 1959 年出版计划》，《读书》1959 年第 1 期。
② 据人文社编审张福生先生提供的原件（1961 年 7 月）录入。
③ 黄伊：《编辑的故事》，金城出版社 2003 年版，第 27 页。

方根据别的本子改回原状、除去金圣叹的批语，另外加上必要的注释而成稿。1952 年 10 月，人文社曾经出版过这个七十一回本，但出版后发觉其中还有一些编辑与注释方面的错误，注释也太少，所以就没有再版，由编辑重新加工、改正错误、补充注释，这就是作家出版社的这个本子。在冯雪峰看来，这也还不是定本，只是"一则因读者催得紧；二则先出版也可以早些得到专家和读者们的指正，使能依靠大家的力量，逐步地把它改进得更好"。这个七十一回本，应该说是一个适宜于广大读者的普及、日常阅读的本子。原因在于，其一，《水浒》故事的主要部分、主题的中心意义及其艺术上的菁华都已经包括在这七十一回中；其二，截至第七十一回"梁山泊英雄排座次"，故事、主题的意义能够保持它的完整性。但是，冯雪峰又认为，金圣叹对待农民起义的态度与今天不同，因此，他在第七十一回中加上了一个他自己写的卢俊义的"噩梦"，而把第七十一回以后都删除了。至于人文社，是肯定农民起义的，因此尽管认为其主题的中心意义已经在前七十一中得到反映，七十一回本可以作为一种很好的节本而独立存在，"但我们也并不主张抛弃其后的部分，而认为七十一回本和百二十回本都应该印行"。对研究来说，"重印百二十回本为适宜"。① 因此，冯雪峰大力推动人文社出版一百二十回本。在《水浒传》出版后，1956 年，冯雪峰还曾应工人出版社编辑部之邀，撰写短文为读者导读。②

---

① 冯雪峰：《回答关于〈水浒〉的几个问题》，《冯雪峰全集（六）》，人民文学出版社 2016 年版，第 85—86 页。

② 冯雪峰：《〈水浒〉是怎样一部书》，《冯雪峰全集（六）》，人民文学出版社 2016 年版，第 301—307 页。

九、在《文艺报》的旋涡中

（一）兼任《文艺报》主编

《文艺报》创办于 1949 年 9 月 25 日。从创刊号至第三卷第三期（1950 年 11 月 25 日），出版发行由新华书店承担；第三卷第四期由人民出版社出版；从第四卷第一期（1951 年 4 月 25 日）起由人民文学出版社出版。作为中国文联和全国文协（作协）的机关刊物，《文艺报》以刊发理论文章为主，反映国家的文艺政策和导向，是中国文艺政策的风向标，在文艺理论界具有无可置疑的地位和权威性。它事实上扮演着文艺意识形态把关人的重要角色，对书报刊进行监督与批评，对新中国的文学思潮影响深远。《文艺报》在第一卷第一期中申明自己的办刊宗旨："《文艺报》是文艺工作与广大群众联系的刊物。它用来反映文艺工作的情况，交流经验，研究问题，展开文艺批评，推进文艺运动。"[①] 1951 年 12 月 20 日，全国文联发布通知，要求"各地文联及各协会应将《文艺报》规定为各地区、各部门文艺干部经常阅读的学习刊物。对于《文艺报》所提出的有关文艺思想、文艺创作和文艺运动等方面的重大问题，应通过各种方式，组织本地区或本部门的文艺干部联系自己的情况和问题进行讨论。各大行政区文联的机关刊物，应有计划地组织发表讨论这些问题的文章。《文艺报》的社

---

① 《文艺报》编委会：《给愿意做文艺通讯员的同志们的信》，《文艺报》第一卷第一期，1949 年 9 月 25 日。

论和文章，各地文艺刊物亦应及时予以转载和介绍"①。此后，《文艺报》作为文艺界领导者、监督者和指导者的角色不断得到加强。"从1949年创刊到1989年，它一直承担着颁布文艺政策、引领文学思潮、指导文学创作的重要使命，在意识形态建构和文学规范的生成中，起着其他文艺期刊所起不到的作用。"②可以说，每一次当代文学思潮的起落都与《文艺报》息息相关。

1952年，经胡乔木提议，由冯雪峰接替丁玲担任《文艺报》主编。冯雪峰成为《文艺报》主编，很大程度上是因为其文艺理论家的身份。③从当年1月25日出版的《文艺报》第二号起，主编署名由丁玲、陈企霞、萧殷三人变为冯雪峰。编委有冯雪峰、陈企霞、萧殷、张光年、马少波、王朝闻、李焕之、黄钢。冯雪峰主持《文艺报》，一直到1954年第二十二号（11月30日），共主持69期。

（二）政治与文艺之间的调适

1. 政论性与思想性的强化

接任伊始，吸取此前丁玲主编《文艺报》缺乏思想性与战斗性而受到批评的教训，初掌《文艺报》的冯雪峰表现出强化政论性、思想性和战斗性的特点。

---

① 《全国文联为加强文艺干部对〈文艺报〉的学习给各地区文联和各协会的通知》，《文艺报》1952年第一号。

② 武新军：《意识形态结构与中国当代文学——〈文艺报〉（1949—1989）研究》，《河中国社会科学出版社2010年版，绪论第2页。

③ 曾笑栗：《作为〈文艺报〉主编的冯雪峰》，《文艺报》2019年9月16日。

首先是强化了对重大时事、中心工作的宣传、解释与表态。如
1952 年第三号对上海文艺界的思想混乱问题、对当时高校文艺学教
学中的偏向问题的批评，第四号对作家欧阳山的错误思想问题的批
评，等等。从具体的栏目看，刊物强化了《新语丝》栏目。在丁玲主
编时期，因为稿源等问题，《新语丝》栏目特色不明显。冯雪峰主编
《文艺报》后，将时有时无的《新语丝》栏目常规化。以冯雪峰自己
1952 年发表于《文艺报》的文章的论题看来，话题涉及面非常广：批
判欧阳山等"资产阶级思想"，批判不法资本家和奸商行贿、偷税漏
税、盗窃国家资财等不法行为，歌颂罗盛教烈士短诗中体现出的在战
胜黑暗走向光明过程中"不要停留"的精神，号召文艺界对资产阶级
思想开展斗争，歌颂劳动人民勤劳勇敢精神，歌颂农业集体化和社会
化，倡导向群众文艺学习、走普及道路，号召学习斯大林社会主义经
济问题论著，揭露美国政治的欺骗性……文章多发表于《新语丝》栏
目。该栏目在文风上延续了"语丝"体的战斗精神，且多有对文艺之
外的社会政治、时事问题的表态与批评，充分表现出冯雪峰自觉把
《文艺报》纳入新中国建设、与时代脉搏共振的主动心态。

其次是加强了社论。50 年代报刊的社论，在分析形势、阐释政策
和引导舆论方面，更具政治权威性。冯雪峰主持《文艺报》后，加强
了社论的力度，社论数量明显增加，甚至出现了双社论这一较为独特
的形式，强化对时事政策的宣传。如 1952 年第五号，头条、二条刊发
《对资产阶级展开思想斗争是革命的迫切任务》、《长期地无条件地全身
心地到工农兵群众中去》两篇社论；1952 年第十号以转载《人民日报》
的《继续为毛泽东同志所提出的文艺方向而斗争——纪念毛泽东同志
的"在延安文艺座谈会上的讲话"发表十周年》和《进一步贯彻毛泽东

文艺路线，为完成一九五二年国家电影制片计划而奋斗!》作为双社论；1952 年第十九号以《十六亿人民为争取和平的大团结万岁》、《把戏曲改革工作向前推进一步! ——祝第一届全国戏曲观摩演出大会开幕》作为双社论；1952 年第二十二号以《最难得的学习机会》和转载《人民日报》的《正确地对待祖国的戏曲遗产》作为双社论。作为主编的冯雪峰亲自撰稿，在刊物上发表多篇社论，如《克服文艺的落后现象，高度地反映伟大的现实》（1953 年第一号）、《屈原和我们》（1953 年第十一号）、《国家在过渡时期的总路线和文学艺术的创造任务》（1953 年第二十三号）等。相对集中的社论，强化了刊物的政治化倾向。

再次是通过"编者按"的方式强化斗争性。如 1952 年第十八号（9 月 25 日）刊发舒芜《致路翎的公开信》，在正文前以"编者按"的方式指出："对于路翎的一些作品和对于这个小集团的错误思想，在报纸刊物上曾先后进行过一些批评。这里发表的舒芜的《致路翎的公开信》，进一步分析了他自己和路翎及其所属的小集团一些根本性质的错误思想。"

关于如何加强《文艺报》思想性和战斗性，在此前举办的座谈会上，田家英说："《文艺报》应该在表示态度上，在解释政策上更要多做些功夫。"王子野则发言："文艺刊物在政治事件上表明态度，这个传统是'五四'以来留下来的，是斗争来的，必须继承下来，无论从传统，从学习苏联上都应该这样做……做法我认为可以这样：（一）转载重要的文件和决定……（二）每期或隔期写社论，虽然不一定如报纸一样，但却是很需要的，苏联《文学报》就是如此。"[①] 可以说，

---

① 《文艺报》第二卷第六期。见孙晓忠：《当代文学中的冯雪峰——以〈文艺报〉为中心》，《文学评论》2005 年第 3 期。

冯雪峰主持《文艺报》时，自觉地按照这些要求，努力通过转载、按语、组稿专论、社论、集中批评、连续批评等形式，强化刊物的思想性和战斗性。

2. 践行群众路线，重视读者意见

在编辑出版过程中大力倡导加强群众联系，加强出版评论工作，重视读者反应与群众意见，成为新中国出版工作的突出特点之一。

做法之一，是积极推行通讯员队伍制度。"十七年"文艺期刊发起的文艺通讯员运动，一个重要目的就是践行"开门办刊"理念，加强与群众的联系，依靠群众建立完备的通讯网络。通过通讯员获悉其所在地区的文艺发展状况和面临的问题，搜集读者对文艺现状的意见和建议、对文艺作品的批评和对文艺运动的看法，使文艺领导机构能在一定程度上掌握所需要的文艺信息。[1]

《文艺报》创刊伊始，中国文联就发出《全国文联关于出版〈文艺报〉致各地文联及各协会的通知》，要求各地方文联、协会指定专人与《文艺报》联系，向其提供文艺活动情况和工作经验资料；同时告知，《文艺报》被定位为"文艺工作和广大群众联系的刊物"，"《文艺报》拟广泛征聘文艺通讯员，组织全国性之文艺通讯网，请多予协助"。[2] 征聘文艺通讯员运动的目的，是"及时了解各地群众文艺运动的情况，以便交流经验，发现问题，展开讨论，使《文艺

---

① 王秀涛：《中国当代文学生产与传播制度研究》，文化艺术出版社 2013 年版，第92—93 页。

② 《文艺报》编委会：《给愿意做文艺通讯员的同志们的信》，《文艺报》第一卷第一期，1949 年 9 月 25 日。

报》不仅是文艺工作者的刊物，而且也是群众对文艺工作发表意见的园地"①。通讯员的条件，在满足政治条件的基础上广开门户，"凡在文艺工作岗位工作的同志，或在工厂、农村、部队、机关、学校工作而对文艺感到兴趣的同志们，只要愿意协助我们的，都可以成为文艺通讯员"②。1952 年，冯雪峰主持的《文艺报》再一次广泛征聘通讯员，但对通讯员人选的规定更加具体化，共有七类人可以入选：各级党委宣传部门和政府文教部门接近文学艺术的工作同志；群众文化工作者；工农速成中学、文化补习夜校、业余学校、中等技术学校，以及大中学校的语文、文学、艺术教员和部队的文化教员；工矿、企业、农村中宣传鼓动工作和文学艺术活动的组织者和辅导者；部队中的宣教工作者、文工团创作组和宣传队的工作者；各地专业文学艺术工作者；对文艺有兴趣并经常关心和研究文艺运动中的问题的同志。③1953 年，编辑部特意在刊物第九号上刊发《关于〈文艺报〉的通讯工作》，介绍了通讯员工作，如当时已有 300 名通讯员；表彰通讯员所起的作用，如关于高等学校文艺教学中存在的问题的讨论、"土嗓子"与"洋嗓子"之争，都是从通讯员提供的来稿来信中发起的；并强调报社重视通讯员制度，如出版《通讯员内部通报》等。

践行群众路线、重视读者意见的另一做法，就是注重引导广大读者参与出版评论。1950 年 4 月 5 日，出版总署编审局在《人民日报》推出《图书评论》专刊，这是新中国成立后最早的报纸书评专刊。1951 年 3 月 21 日，新闻总署、出版总署发布指示，规定全国各

---

① 《做一个文艺通讯员》，《文艺报》第一卷第一期，1949 年 9 月 25 日。
② 《〈文艺报〉征聘文艺通讯员启事》，《文艺报》第一卷第四期，1949 年 11 月 10 日。
③ 《〈文艺报〉征聘通讯员启事》，《文艺报》1952 年第十四号。

种报刊应根据具体需要和可能，开设书报评论专栏专刊。①3 月 23 日，《人民日报》发表社论，认为工人、农民和知识分子巨大的文化需要，使出版事业有了新的发展，因此，"不断扩大的读者群众和日趋发展的出版事业都迫切地需要关于读书和出版的指导"，书报评论工作，代表着广大读者和正当的出版者的利益，一定会受到读者和出版社支持。② 在体现读者参与性的出版评论当中，读者来信成为一种带有时代特色的方式，扮演着特殊的角色。

作为人民文学组织中的重要媒介的《文艺报》，陆续开设《读者中来》、《文艺信箱》、《读者论坛》、《读者讨论会》等栏目，以响应"群众性"交流的要求。冯雪峰时期的《文艺报》，《读者中来》是固定的栏目。此外，还开设有临时性的《读稿随谈》栏目。如 1953 年第一号，该栏目发表《关于提问题》，就文艺阅读与学习中如何提出问题进行解答。《文艺报》还有一类体现群众意见的常见形式是"来信综述"。1953 年第十二号"编者按"中特意说明，因为编辑部经常从读者的反映中接触到不少材料，因此发表宋涛的《关于文艺创作组织领导工作中的一些问题》、敏泽的《对于社会主义现实主义的一些错误理解》与唐挚的《关于深入生活的一些问题》三篇文章来集中关注这些问题。在同期刊物上，因为"编辑部接到许多读者的来稿和来信，对目前歌曲创作的落后现象提出了意见和批评"，因此将意见和批评综合

---

① 《新闻总署　出版总署关于全国报纸期刊均应建立书报评论工作的指示》，载袁亮主编：《中华人民共和国出版史料　第三卷：1951》，中国书籍出版社 1996 年版，第 101—102 页。

② 《书报评论是领导出版工作和报纸工作的最重要的方式之一——〈人民日报〉社论》，载袁亮主编：《中华人民共和国出版史料　第三卷：1951》，中国书籍出版社 1996 年版，第 110—112 页。

和整理出来，以《群众要歌唱——读者来信综述》之名发表。

3. 主流规范下个体的思考

尽管政论性、思想性与战斗性增强，重视读者意见与群众性参与，努力跟上政治中心工作的要求，但在主持《文艺报》的过程中，作为文艺理论家的冯雪峰慢慢呈现出个性化的独立思考。正如研究者所说，《文艺报》在冯雪峰主编时期，多有"竞争的、矛盾的信息和观点的表达"[①]。

首先，《文艺报》对新中国文艺建设成就的评价偏低。

同为《文艺报》的主编，"丁玲认为新体制下的文学作品的公式化、概念化以及粗制滥造的倾向是正常的、暂时的，可以克服的，怀疑这一点就是怀疑新的体制与党所规定的文艺方向，就必须加以严厉的批判"，而"冯雪峰在肯定新中国文艺有一定的优秀的成绩之外，更强调文艺的落后……甚至，一些政策与领导方式的确是应该被怀疑并讨论的"。[②] 在发表于《文艺报》的文章中，冯雪峰多次表达他的这一看法。1953 年第二十四号《文艺报》（12 月 30 日）头条刊登了冯雪峰的署名文章《英雄和群众及其它》。文章包括"英雄和群众"等五个话题，分别对新中国成立后的人物形象创造、典型化、"否定人物的艺术形象"、"党性"与"讽刺"等文艺问题进行论述，对这些方面的不足作出了严厉的批评。同期还刊出冯雪峰署名"李如"的文章《关于语言问题的意见》，直言"现在我们不少作品的语言很坏的"，作品

---

① 洪子诚语，见张均：《〈文艺报〉"新英雄人物"讨论的前前后后》，《现代中国文化与文学》2014 年第 1 期。

② 谢波：《媒介与文艺形态——〈文艺报〉研究（1949—1966）》，复旦大学出版社 2013 年版，第 75 页。

中存在文理不通、语法不通、词语杂乱、拖沓、不知所云等现象，没有血色的、干枯的、空洞的概念词句以及一切浮词滥调等充斥其中，"我们文学上的语言，总的说来是还不丰富、不洗练的；有的是缺少生动性和明确性，有的是缺少民族的性格，而且此外还存在着惊人的杂乱现象"。事实上，这两篇文章原为冯雪峰为 1953 年 9 月召开的第二次文代会专门起草的总结报告《我们的任务和问题》中第二部分第一节"我们的任务和关于典型的创造"、第三节"语言问题"的部分主要内容。报告因为对新中国成立以来的文艺理论与创作状况持过于消极甚至否定的看法而未被采用。在这种情况下，冯雪峰坚持刊发这两篇文章，可以看出他对报告中所持看法的坚持。

即使在《文艺报》的社论中，冯雪峰也毫不留情地指出近年"文艺的落后现象"："这种落后的情况最引人注意的表现，就是在三年多中间的文学和艺术的创作竟是非常的不多，而其中可称优秀的作品更是不多。……人民对于我们的怠惰、敷衍了事、粗制滥造，以及公式化、概念化的作品，等等，已经表示大大的不满。"[1] 在其他主题的社论中，冯雪峰也经常将话题转到对当代文学现状的批评上来。如在纪念屈原的社论《屈原和我们》中，冯雪峰认为，当下的文学创作之所以未能有高度的成就、作家未能蓬勃成长，原因很多，但作家们不努力研究自己祖国的优秀文学遗产、很少从过去那些伟大的文学作品中吸收必要的营养，是其中之一。[2] 在其他不少文章的"编者按"中，

---

[1] 《文艺报》1953 年第一号（1 月 15 日）社论《克服文艺的落后现象，高度地反映伟大的现实》，《冯雪峰全集（六）》，人民文学出版社 2016 年版，第 4—5 页。

[2] 《文艺报》1953 年第十一号（6 月 15 日）社论，《冯雪峰全集（六）》，人民文学出版社 2016 年版，第 22 页。

冯雪峰也多有对当时文学概念化、公式化等问题的批评。不管是发表个人署名的文章，还是以报告、社论、编者按等公共方式发表意见，作为《文艺报》主编的冯雪峰，对新中国文学成就持有的此类评价，明显不合时宜。

其次，《文艺报》在落实普及、通俗化政策方面有不同看法。

作为在现代左翼文艺运动中对大众化有着深度参与的理论家，冯雪峰深知"普及"在新中国文学建设中的重要性以及国家文艺媒体对普及的引领作用。1952 年，冯雪峰在《文艺报》第九号《新语丝》栏目中，重提"做群众的学生和先生的问题"。他认为《文艺报》近期陆续发表的几篇关于群众（部队、工厂、农村）文艺活动的报道，很有价值。因为这些报道反映出"群众对于文艺是热烈地爱好的"。这些作品虽处于"萌芽状态"，却很宝贵，因为它能够长大为真正的人民文艺。专业的作家、画家等应该去和群众一起进行创作。"去帮助群众的创作，做他们的老师，又向他们学习，做他们的徒弟，真是一举两得……这是普及的道路，也是提高的道路；是人民文艺创作的坦途大道！"他认为，文艺专家们和普及工作者与人民大众很少有实际的、直接的、经常的密切联系；普及文艺的创作水平显然落在群众的要求之后，"文艺专家和普及工作的现在这样联系不密切的现象，是必须改正的"。①

但是，在实际的刊物编辑过程中，冯雪峰在落实普及化要求方面，却容易为人诟病。有学者注意到，以三卷六期（1951 年 1 月）发表署名"全国文联研究室"的《关于地方文艺刊物改进的一些问

①　冯雪峰：《重提做群众的学生和先生的问题》，《冯雪峰全集（五）》，人民文学出版社 2016 年版，第 376—377 页。

题》为起点，《文艺报》发动了第一次"普及"与"提高"之辩。文章建议与全国性刊物分工不同，地方性刊物应向通俗化、大众化方向发展。冯雪峰主持《文艺报》时，1953年第七号同时刊出三封"读者来信"，发起了第二次"普及"与"提高"之辩。读者嘉季披露通俗化典型期刊《翻身文艺》的困境，剧本与唱词千篇一律，大同小异。读者启焯则在来信中说，工农兵的文化水平正在逐步提高，对《湖南文艺》的要求也提高了。编辑部应检查一下自己的工作。读者白得易在来信中建议杂志刊登指导当地群众文艺工作的文章。三封"读者来信"，"都批评地方刊物的现状，要求刊登小说、论文，实即要求刊物从'普及'向'提高'转型。三封"来信"同期刊发，观点惊人的一致，显然出于《文艺报》的策划。在此前后，《文艺报》还刊发通讯员来信，披露"通俗读物积压的现象很严重"（1953年第七号），批评地方刊物的"普及"理解偏差（1953年第八号）。第十五号《文艺报》再次刊出记者文章，称"改版"后地方刊物不受欢迎，尤其是工农兵也不欣赏此类通俗作品。总体上看，"围绕地方刊物展开的两次'普及'与'提高'之辩，是精英势力与通俗势力关于出版资源的龃龉与博弈。精英势力挪用《讲话》与'群众'之名，暗中抵制并最终在事实上瓦解了通俗化政策"。[①]不能一概而论地认为1953年前后《文艺报》与通俗化政策不符的做法完全出自冯雪峰之手，但作为主编，冯雪峰显然面临着质疑。

再次，《文艺报》批评态度的转变。

冯雪峰接编《文艺报》后，编辑方针有一个调整的过程。曾笑

---

① 张均：《"普及"与"提高"之辩——论五十年代精英文学与通俗文学的势力之争》，《文学评论》2008年第5期。

栗做过统计，冯雪峰先是大量削减了针对性很强的酷评文章和作家检讨。1952 年下半年，《文艺评论·文艺论文》一栏共刊出 33 篇文章，其中仅有两篇针对性批评，1 篇作家检讨；1953 年，刊物仅刊出何其芳、林默涵两篇批评文章。与此同时，增加了平和客观的说理性文章和指导性文章，如《评电影〈葡萄熟了的时候〉》、《细节、具体描写》、《地方报纸上的文艺作品评介应该面向群众》等。《读者中来》栏目中，选刊的信件数量被有意削减，并且所刊的内容也更多指向普遍问题，而较少针对具体作家，打破了以前的"读者监督机制"。在冯雪峰看来，让读者过度介入文艺创作有碍于文艺的发展，因为当时的读者"在文艺学习的态度和方法上，还有一些不够健康的现象"，"仅仅满足于一事一物的简单的定义和结论"（《文艺报》编辑部《请不要采取这样的批评态度和批评方法》）。① 对于作为理想化体制构想环节之一的"读者"畸变为一种工具化的规约力量，冯雪峰有所警惕，有意削减了《读者中来》栏目刊发信件数量。据张均统计，《文艺报》刊发信件由 1952 年的 46 篇骤减到 1953 年的 21 篇，信件内容也从尖锐批评转为温和建议。②

最后，冯雪峰个性化明显的编辑手法，有着诸多"自由发挥"的特点。

其一是"编者按"的"自由发挥"。作为党的文艺报刊、国家意识形态的文艺声道，《文艺报》的"编者按"代表了国家对文艺的阐释、意图与政策等，更具有政治性、导向性与权威性，在当时文艺界

---

① 曾笑栗：《作为〈文艺报〉主编的冯雪峰》，《文艺报》2019 年 9 月 16 日。
② 张均：《中国当代文学制度研究（1949—1976）》，北京大学出版社 2011 年版，第 115 页。

扮演着监督与规范的角色。据魏宏瑞统计，"十七年"时期，出版了342期的《文艺报》共发表"编者按"244条。相较于1955年之后的《文艺报》，冯雪峰主编《文艺报》时期"编者按"的数量比较多；但与此前丁玲主编时期的情况相反，冯雪峰主编时期刊物的"编者按"数量经历了一个由多到少的过程。1952年刚接手的冯雪峰通过增加"编者按"来强化政论性，但在之后的1953年和1954年，《文艺报》显示出了冯雪峰主编的风格，表现出对马克思主义文艺理论的兴趣。这一时期的《文艺报》"编者按"，"所论对象最多的是苏联文学运动、文学会议、文艺思想、文艺作品等等。借助于苏联文学，冯雪峰在悄然影响他对当时文艺问题的看法，特别是介绍苏联文学中的生活描写、人物塑造、细节描写、婚恋描写等等，来表明它对当时文学创作中出现的概念化、公式化的不满"[①]。除了话题关注文学性问题，表达温和、学理化、学术化，冯雪峰撰写的"编者按"还经常表现出辩护性。如1954年第七号《文艺报》上，冯雪峰在发表康濯批评《文艺报》的文章《评〈不能走那一条路〉及其批评〉》时，写下长长的"编者按"，一再强调刊物的公共性："《文艺报》是一个评论和报道性的刊物。在评论上，特别对于作品的评论上，是可以和应该发表各种在看法和意见上不同的文章的，同时它所发表的评论文章也必然都有各自的缺点，不可能都是完全正确的。在现在，它在组织评论工作的任务上，还只能做到把某些具有较好的意见或具有某种程度的正确性的评论文章，发表出来，提供给读者和文艺工作者参考和讨论。"

第二是自撰稿件的"自由发挥"。在主编《文艺报》时期，冯雪

① 魏宏瑞：《文学场与政治场——以十七年（1949—1966）〈文艺报〉"编者按"为考察中心》，《扬子江评论》2008年第5期。

峰表现出对自撰稿件，尤其是杂文式批评的偏爱。据不完全统计，1952—1955 年，冯雪峰在该刊发表文章近 40 篇。有时同期发表多篇，如 1952 年第四号，发表《欧阳山等人的例子证明了什么》（署名于子）、《毒菌的话》（署名俞密）、《不要停留》（署名白芷）、《美俘的命运》（署名李雍）四篇；1952 年第七号，发表《胜利在于彻底》（署名于子）、《"士不可夺志"续记》（署名李雍）、《"人定胜天"》（署名俞密）、《必须坚持工农兵方向》（署名甘泉）四篇。这些文章的写法学习了鲁迅，"是随时随地留心报纸。有时候，把报纸上的材料剪下来，加些按语，就成了一篇很有力的文章了"①。从署名方式看，在这种临时性的急就章中，冯雪峰多用笔名，令人想到他在"左联"编刊时期既是编者又经常担任作者、译者的做法。此外，冯雪峰在《文艺报》还发表多篇长文，如 1952 年，在第十四号（7月 25 日）、第十五号（8 月 10 日）、第十七号（9 月 10 日）分三期发表《中国文学中从古典现实主义到无产阶级现实主义的发展的一个轮廓》，梳理现实主义的几种形态；在第十号（5 月 25 日）发表专论《〈太阳照在桑干河上〉在我们文学发展上的意义》。再如前文所说的《英雄和群众及其它》等文章。

　　总之，个人独特的文艺观念以及革命资历所赋予的"高规格"主编身份，使得无论是在宏观的对文艺情况的评价方面还是在微观的报刊编辑实践方面，冯雪峰都表现出相对自信与"自由发挥"的特点。

---

　　① 冯雪峰：《鲁迅的政论活动》，《冯雪峰全集（六）》，人民文学出版社 2016 年版，第 316 页。

（三）话题讨论

作为经验丰富的理论家，冯雪峰深知论争有着活跃氛围、提升文艺媒体影响力的重要作用。20世纪30年代他在写给《文艺阵地》编者的信中说："现在文艺界还有一种沉闷的情形，就是太没有论争了，因此，在理论上就很难提出新的问题来。我想，杂志上可以发动一些论争。兄在都市，而且与文化界接近，可否提出一些新的问题发动一下？"①50年代，冯雪峰对于媒体发动读者讨论从而深化认识这一功能深信不疑。如在接受《中国青年》杂志关于指导青年阅读问题的访谈中，冯雪峰就认为，团中央要重视文艺阅读的指导。"《中国青年》可以就读者喜欢的书，发现问题，展开自由讨论。比如，你们就可以具体讨论《少年维特的烦恼》，让读者谈谈这作品，好，好在什么地方；不好，又不好在什么地方。在讨论的过程中，逐步引导到对于作品的更深入的分析。这就能提高青年的鉴赏能力，也就是指导。文章不要求大块、全面……一得之见，只要言之成理，就可以发表。而且编辑部也不要急于作结论，让青年在讨论中，解决问题，得到进步。"②在主持《文艺报》后，冯雪峰在这一平台设计、开展了多种讨论，意在充分发挥媒体"议程设置"的功能，通过对有关文艺热点问题的讨论扩大影响、深化认识。如1952年第二十三号（12月10日）发起关于《白蛇传》的讨论，刊发杨刚《评越剧〈白蛇传〉》、张

---

① 冯雪峰：《致〈文艺阵地〉编者信》，《文艺阵地》第三卷第三期，1939年5月16日。转引自孙晓忠：《当代文学中的冯雪峰——以〈文艺报〉为中心》，《文学评论》2005年第3期。
② 张天、殷之慧：《"放"和"教"——访冯雪峰同志》，《冯雪峰全集（九）》，人民文学出版社2016年版，第368页。

庚《关于〈白蛇传〉故事的改编》、阿英《谈许宣的转变》三篇文章；1953 年第十一号（6 月 15 日）发表戴不凡《试论〈白蛇传〉故事》。

1952 年，《文艺报》发动关于创造新英雄人物的讨论。刊物第九号《编辑部的话》开门见山表达发起讨论的用意：文艺界近期就这一问题有所讨论，主要是针对目前文艺创作中的落后状况。但讨论不深入，因此希望丰富这一讨论。这一期刊物共刊出曾炜的《关于英雄人物的描写》、梁汉的《作家应该忠实于生活》、董晓天的《不应忽视生活中的矛盾和斗争》、李树楠的《帮助作家正确地描写矛盾与斗争》四篇文章，态度较为明显，总体上支持写英雄人物的缺点，写"从落后到转变"。

《文艺报》1952 年第十一、十二号合刊（6 月 25 日），发表了一组回应文章。在《编辑部的话》中，冯雪峰援引《人民日报》社论，认为当下文艺界表现出两方面的倾向，一方面是受资产阶级思想的侵蚀，脱离群众，追求"资产阶级的艺术形式"；另一方面则是脱离群众、脱离生活的公式化、概念化的倾向。这两方面，都要加以批判。张立云认为，以"落后到转变"作为主要的创作题材反映了文艺工作者主观上是小资产阶级的东西，不容易理解新的英雄人物。[1]鲁勒认为，现在"从落后到转变"已沦为创作公式，"满篇落后相，处处怪话声"。[2]作家周立波认为一些觉悟不高的工农兵是有缺点的，但不能把这当作他们的本质的特征。[3]评论家蔡田担心不允许写"落后

---

[1]　张立云：《关于写英雄人物和写"落后到转变"的问题》，《文艺报》1952 年第十一、十二号。

[2]　鲁勒：《正确地认识生活与反映生活》，《文艺报》1952 年第十一、十二号。

[3]　周立波：《谈思想感情的变化》，《文艺报》1952 年第十一、十二号。

转变"，就容易让作家缄口不言。① 工人王宗德结合单位发生的真事、滕鸿涛结合自己的创作体会，认为可以写"落后转变"。② 李晴认为没有"落后"的"新人"、"新事"，是无源之水和无本之木。③ 在同期刊出的《读者来信综述》中，通讯员庄进辉认为，要求背景像湖水一样平静澄清、积极人物像天仙似的无瑕，是脱离实际的想法，是用概念和僵硬的条文来套"新人新事"。读者崔世杰认为，有意避免写人民生活中的斗争、成长过程，是犯了公式主义的错误。工人与普通读者的意见，与《编辑部的话》的倾向相近，总体上认可写缺点、写"落后"。④

紧接着，《文艺报》第十三号（7月10日）刊出四篇讨论文章。安理基于自己看剧的体会表示，"英雄满台"的作品，没有艺术魅力。佘树声认为不写"落后"是"反现实主义"。⑤ 周良沛认为不写"落后"有一定合理性，但不能不加以具体分析来反对。⑥ 苏从麟认为反对写"落后"，否认了现实生活中的矛盾斗争的复杂性和多样化。⑦

第十六号（8月25日）的讨论稍有不同。在《关于创造新英雄人物问题的讨论》专栏前面的《读者中来》栏目中，刊发四篇文章，总的标题为《希望展开对概念化、公式化倾向的批评》，与讨论有所呼应。《编者按》再次援引《人民日报》社论认为当下文艺界两

---

① 蔡田：《在创作上遇到的问题》，《文艺报》1952年第十一、十二号。
② 王宗德：《我对写新人物的一点意见》，《文艺报》1952年第十一、十二号。滕鸿涛：《我感到的苦恼》，《文艺报》1952年第十一、十二号。
③ 李晴：《这是脱离生活的结果》，《文艺报》1952年第十一、十二号。
④ 《为什么写不好英雄人物——读者来信综述》，《文艺报》1952年第十一、十二号。
⑤ 安理：《歪曲生活和公式化的"英雄"》，《文艺报》1952年第十三号。
⑥ 周良沛：《笼统地反对写落后到转变不能解决根本问题》，《文艺报》1952年第十三号。
⑦ 苏从麟：《在治淮工作中对新英雄人物的一点体验》，《文艺报》1952年第十三号。

方面的倾向都要加以批评，但马上又说："在《文艺报》关于创造新英雄人物的讨论中，不少读者都提出了创作公式化、概念化的问题。"这明显有所偏向，近于定下讨论要针对的主要问题。蔡田再次发表意见，认为公式化、概念化是在深入生活中犯了形式主义错误的结果。① 读者芝芳提出快板、宣传剧等要注重效果，演员不愿意演"宣传戏"，因为它"死板板的"，"没味儿"。② 读者刘炳善认为没有缺点的英雄人物，在作者笔下"往往就变成了毫无生气的纸人"，要杜绝把赶任务庸俗化的作品。③ 在《关于创造新英雄人物问题的讨论》栏目中，刊出三篇文章：左介贻说在自己创作的《红花朵朵开》中就有反映英雄人物由落后转先进的情节，因此对这个讨论特别关注。他认为无论是写完美的英雄人物还是落后人物的转变，都要放在复杂的矛盾斗争的环境中去恰如其分地表现，才能正确地反映现实。④ 关太平认为生活复杂多样，因此写人物的落后到转变，不但可以，而且应该。⑤ 王正以歌剧形象田桂英的失败为例，提出"要重视生活的真实"。⑥

……

可以看出，《文艺报》总体上支持写英雄人物的缺点，写"从落后到转变"。反对写新英雄人物缺点、写"落后转变"的观点，被视作"概念化"、"公式化"倾向，实际上受到《文艺报》的批评。如前

---

① 蔡田：《要忠实于生活》，《文艺报》1952 年第十六号。

② 芝芳：《注意文艺宣传的实际效果》，《文艺报》1952 年第十六号。

③ 刘炳善：《概念化、公式化的作品歪曲了生活》，《文艺报》1952 年第十六号。

④ 左介贻：《现实生活这样告诉我们》，《文艺报》1952 年第十六号。

⑤ 关太平：《关于创造新人物的一点意见》，《文艺报》1952 年第十六号。

⑥ 王正：《重视生活的真实》，《文艺报》1952 年第十六号。

所述，在由冯雪峰撰稿的《文艺报》1953年第一号（1月15日）社论《克服文艺的落后现象，高度地反映伟大的现实》及其署名文章《英雄和群众及其它》（1953年第二十四号）等文章中，对当时文艺的状况作出了批评，认为三年多来，优秀的作品不多，人民对粗制滥造，公式化、概念化的作品，多有不满。《文艺报》讨论中表现出的这一倾向性，与冯雪峰本人对当年文学发展的看法基本一致。

1953年11月20日，《河南日报》发表青年作家李准的短篇小说《不能走那一条路》。因为小说涉及翻身后的农民两极分化这一尖锐问题，读者十分关注。时任中南文联副主席于黑丁等人发表文章对小说作出高度评价。而《文艺报》分工阅读中南地区刊物的编辑侯民泽（敏泽）在编辑部汇报会上，认为小说有明显缺点，于黑丁的评论是"拔苗助长"。时任主编之一的陈企霞遂布置侯民泽撰写一篇评论，这就是以"李琮"之名发表在《文艺报》1954年第二号上的《〈不能走那一条路〉及其批评》。文章在对小说大体肯定后指出："《不能走那条路》也像一般初学写作者的作品一样，有一些由于作者生活经验、思想水平和艺术能力的限制而产生的缺点。"文章认为，中南和河南的文艺界领导对作者的帮助有不实事求是的地方。"忽视对于青年写作者的培养，这是错的。但我们也不应该赞同'拔苗助长'的办法，因为它对于青年写作者并不是真正的帮助。"结果，河南文艺界出现很多支持李琮的文章，《文艺报》编辑部也收到很多支持李琮文章的来信。

1954年1月26日，《人民日报》全文转载《不能走那一条路》。"编者按"中说："小说《不能走那条路》，原发表在去年十一月二十日的《河南日报》上。这篇小说，真实、生动地描写了几个不同的农民形象，表现了农村中社会主义思想对农民自发倾向进行斗争的胜利。这是近年来表现农村生活的比较好的短篇小说之一。"此后，《不能走那条路》先后被全国各地 30 多家报刊全文转载。

随后，康濯撰写了《评〈《不能走那一条路》及其批评〉》一文，发表在 1954 年第七号《文艺报》。该文认为，李琮的文章虽然个别部分不无一定的优点，但整体是轻率的、错误的。

因为感受到外在的压力，冯雪峰在发表康濯的文章时，特意写下长长的《编者按》。冯雪峰首先仍有为《文艺报》辩护之意，一再强调刊物的公共性，认为《文艺报》"是可以和应该发表各种在看法和意见上不同的文章的，同时它所发表的评论文章也必然都有各自的缺点"。那么，《文艺报》发表评论有没有一定的原则呢？有，"就是组织和发表一切有利于为人民、为社会主义建设服务的文艺事业的发展的评论……，我们编者的责任，是必须在这个原则之下，来发展评论工作，以发扬我们文艺事业的社会效用和促进文艺事业本身的发展"。在《编者按》中，冯雪峰最终落脚于自我检讨："根据这种责任，来检查《文艺报》的编辑工作，我们的缺点和错误就竟是经常有的，并且是很多的；而在评论工作上，最主要的缺点，是在发扬文艺作品的政治的、社会的影响上努力得很不够，首先是注意得很不够；同时，根据目前现实的可能条件和群众的实际要求，根据我们逐渐在提高的文艺水平和日益在活跃起来的青年作者们的具体情况，来鼓励和促进创作的蓬勃发展，也显然是努力得非常不够……"冯雪峰检讨说，《文艺报》发表过不少脱离具体作品实际的评论，"往往不根据作品的具体成就和它在实际（现实）生活上的意义去分析作品，而是根据评论者屡次在应用的某些公式和教条去要求作品"。而编辑工作常犯错误的根源，就在于编者自己常有脱离政治和脱离实际的倾向。冯雪峰表态说，康濯批评李琮的文章有助于帮助《文艺报》改正错误，对于从事编辑工作以及评论工作，都是很有益的。希望读者和文艺工作同志以后经常对《文艺报》加以监督。①

据当时实际上具体主持《文艺报》编务的副主编陈企霞后来的回忆，发动关于《不能走那一条路》讨论，并不完全体现了冯雪峰的看法。② 但是，《文艺报》在这场争论中与《人民日报》、《河南日报》等方面的分歧，以及作家李准共和国文学新人的身份等，使冯雪峰面临着"压制新人"的质疑。

（四）《文艺报》的被批判、改组与冯雪峰去职

1954年，山东大学中文系学生李希凡、蓝翎撰写了批评前辈学者俞平伯《红楼梦简论》的研究论文《关于〈红楼梦简论〉及其他》，投寄给《文艺报》。但《文艺报》未作出回应。作者遂将文章改投《文史哲》，很快在该刊第9期发表。随后，江青召集林默涵、邓拓、何其芳、袁水拍和冯雪峰等人谈话，要求《文艺报》转载该文章。第二天，李希凡把文章拿给冯雪峰，很快在《文艺报》1954年第十八号（9月30日）刊出。刊发时，冯写了一个《编者按》：

---

① 冯雪峰：《康濯〈评《〈不能走那一条路〉及其批评〉〉的〈文艺报〉编者按》，《冯雪峰全集（六）》，人民文学出版社2016年版，第138—140页。

② 陈企霞：《陈述书》，载牛汉、邓九平主编：《原上草——记忆中的反右派运动》，经济日报出版社1998年版，第443—449页。

这篇文章原来发表在山东大学出版的《文史哲》月刊今年第九期上面。它的作者是两个在开始研究中国古典文学的青年；他们试着从科学的观点对俞平伯先生在《红楼梦简论》一文中的论点提出了批评，我们觉得这是值得引起大家注意的。因此，征得作者的同意，把它转载在这里，希望引起大家讨论，使我们对《红楼梦》这部伟大杰作有更深刻和更正确的了解。

在转载时，曾由作者改正了一些错字和由编者改动了一二字句，但完全保存作者原来的意见。作者的意见显然还有不够周密和不够全面的地方，但他们这样地去认识《红楼梦》，在基本上是正确的。只有大家来继续深入地研究，才能使我们的了解更深刻和周密，认识也更全面；而且不仅关于《红楼梦》，同时也关于我国一切优秀的古典文学作品。

此事随后招致严厉批评，被斥为"对胡适派资产阶级唯心论采取容忍投降的态度，对俞平伯加以保护，而对新生力量则用资产阶级贵族老爷态度加以压制的严重错误"[1]。10 月 31 日下午，在文联主席团和作协主席团联席扩大会议上，冯雪峰对自己所犯错误及其思想根源做出检讨。此后，文联、作协多次召开会议，专门成立检查小组，检查其问题。

12 月 4 日，中宣部在给中央的报告中提出，《文艺报》新的编委会拟由康濯、刘白羽、侯金镜、黄药眠、王瑶、冯雪峰、秦兆阳等七人组成，由康濯负主要责任，不设主编。冯雪峰由主编降为编委。新

---

[1]　袁水拍：《质问〈文艺报〉编者》，《人民日报》1954 年 10 月 28 日。

一届编辑委员会从 1955 年 1 月起开始工作。在 12 月 8 日召开的中国文联主席团、中国作协主席团扩大联席会议上，会议通过了《关于〈文艺报〉的决议》，决定改组《文艺报》编辑委员会，不再设主编，而实行集体领导。在 1954 年 12 月 30 日出版的第二十三、二十四号合刊的封底，"主编冯雪峰，副主编陈企霞、侯金镜"被"文艺报编辑部"字样替代。

在冯雪峰退出主编位置，由康濯、侯金镜、秦兆阳等担任常务编辑委员之后，上级责成新的编辑委员会在两星期内拟出新的编辑方针和改进工作的具体方案。1955 年，《文艺报》作出表态，确定中心任务是"加强文艺批评，积极宣传马克思列宁主义的文艺观点，对以各种面貌出现的资产阶级唯心论的文艺思想进行斗争"，等等。① 此后，冯雪峰不断为《文艺报》以及自己"对于资产阶级的错误思想失去了锐敏的感觉，把自己麻痹起来，事实上做了资产阶级的错误思想的俘虏"作出检讨，并表态说彻底整顿，"使《文艺报》名符其实地成为一个具有思想性与战斗性的刊物"。②

1957 年 8 月 28 日，文化部出版事业管理局书面通知人文社：冯雪峰被列为"右派骨干分子"。1958 年 2 月，人文社召开党支部大会，通过开除冯雪峰出党的决议。3 月 21 日，冯雪峰被撤销人民文学出版社社长兼总编辑、中国作协副主席、中国文学艺术界联合会常务委员、全国人民代表大会代表等职务，保留中国文学艺术界联合会委员、中国作协理事职务，由文艺一级降至四级。

---

① 《编者的话》，《文艺报》1955 年第一、二号合刊（1 月 30 日），第 79 页。
② 冯雪峰：《检讨我在〈文艺报〉所犯的错误》，《冯雪峰全集（九）》，人民文学出版社 2016 年版，第 339—341 页。

十、晚年的编辑出版工作

自 1958 年起，冯雪峰即在人文社五四文学组当编辑。尽管由出版社负责人变成一名普通编辑，他仍以高度的历史责任感和奉献精神，从事《文艺辞典》、《叶紫选集》、《郁达夫选集》、《郁达夫文集》、《新文学三十年集·短篇小说集》等书稿选编和校订工作。其编辑思想、审美眼光，即使在逆境之中，仍显示出其独特的光芒。

在上世纪 50 年代，郁达夫因其浪漫主义的感伤风格和对性苦闷的描写，被视作"颓废作家"。冯雪峰以"戴罪之身"编的第一部稿子，就是人文社副社长王任叔分给他的《郁达夫选集》。冯雪峰和郁达夫有过交往，又是浙江同乡，他对郁达夫的为人和作品有所偏爱，所以初稿中选的作品较多。王任叔不同意选入中篇小说《沉沦》，冯雪峰认为这有失公正。他对同在五四文学组的编辑牛汉说："五四时的作品不选，认为是消极的、颓废的，这是不对的。不能这样看，它代表那个时代的一代青年的苦闷，有它的时代特征……它是真实生活的再现。"最终，王任叔还是撤下了《沉沦》。作为责任编辑，冯雪峰撰写了出版说明，其中提到，尽管郁达夫在五四新文学史上是一个重要作家，但他有不少作品"也掺杂着许多不健康因素和杂质"。对此，冯雪峰一直很难受："对不起郁达夫，不能这样评价他。"1960 年，人文社成立编译所，由楼适夷任所长，所里有冯雪峰、萧乾、张友鸾、绿原、舒芜、王利器、顾学颉、牛汉等人。冯雪峰提出《郁达夫文集》的选题，由他自己做责编。他把自己家里有郁达夫作品的藏书全部撕掉，剪开粘贴起来，怀着深厚的感情来编这本书。不过等全部编好时，"文革"开始了。冯雪峰从人民日报社拿来郁达夫日记，全部一笔笔抄写下来。"作为一个普通的编辑，这件事反映了他艺术观点的正派，人格非常高尚。"① 冯雪峰编写了《郁达夫生平事略》及其附录《郁达夫著作编目》，对郁达夫进行了客观评价。

冯雪峰编辑郁达夫作品的认真，为当时多位编辑所见证。"对工作，他是全神贯注、认真严肃和一丝不苟的。至少用了一年以上的时间，他进行了《郁达夫文集》的编辑工作，撰写了郁达夫略传和著作目录，亲自抄录了不少原稿，而郁达夫日记则至少抄了五六万字，订成厚厚的一册。编选短篇小说选时，他总是要找到最初发表的报刊，在文末注明出处后，还注明后来收入哪一个集子；为了做这些注释，他不知翻查了多少资料。对入选的作品，他还一一进行文字的校订；有的资料不能损坏，也都亲自抄录；用剩的稿子则都仔细加以捆扎，妥善存放。"② 当时与冯雪峰在同一办公室工作的舒芜，曾经亲眼看到他认真地做着最平凡的编辑工作：

> 据牛汀、王士菁等同志回忆，当时选录的郁达夫作品中，有几十万字是雪峰同志带回家一字一字抄出来的。按制度规定，这些完全可以请组织上雇人去抄。雪峰同志为什么要这样做呢？论文集里有这样两段话：
>
> 我感到工作是增加人的生活欲望和力量的，而生活的欲望无

---

① 牛汉口述：《回忆冯雪峰》，载王逸义、丁东主编：《口述历史》第 1 辑，中国社会科学出版社 2003 年版，第 155—156 页。

② 扬尘：《病床前的回忆》，载包子衍、袁绍发、郭丽卿、王锡荣编：《冯雪峰纪念集》，人民文学出版社 2003 年版，第 424 页。

非是要更理解自己的人民，更与人民相亲近。此外又还有什么生活意义呢？（中册258页）

……对于个人，在中国古哲的言语中，我是更加爱如陶潜的"精卫衔微木，将以填沧海。"之类的诗句。这是即使一个人，做着极微小的事，也如在转移着乾坤似的气概。（上册207页）

这两段令人感动的话，可以表明雪峰同志的心情。原来，他是把手抄选文几十万字以及其他类似的平凡工作，当作"更理解人民，更与人民相接近"的手段和途径来干的，他是以"转移着乾坤似的气概"在干的。本来，一九五七年之后，名在"另册"的人，能把工作做好的也并不少，但从旁看去，有时或近似"表现"，有时或微觉"卑屈"，有时又稍有"赌气"之嫌。雪峰同志却不使人有这一类感觉；看他做那些平凡工作时，倒是使人有一种庄严崇高之感，就因为这原来是他对人民的忠贞的表现。

是的，"庄严崇高"，我觉得这四个字我用得恰当，对人民的忠贞不可能不表现为庄严崇高。雪峰同志给一个剧本作序说："作者那么强有力地感染给我们的，正是庄严不可侵犯的政治信仰和庄严崇高的共产党员的人性。"（中册224页）我在雪峰同志身上，特别是在"监督使用""监督劳动"这一类情况中的雪峰同志身上，也看到这种庄严崇高不可侵犯的共产党员的人性。①

以"边缘人"身份用心编选边缘化的现代作家作品，冯雪峰有意识地通过自己庄严崇高的努力，来复原文学史的真面目。

---

① 舒芜：《忠贞的灵魂——读〈冯雪峰论文集〉》，《舒芜集》第二卷，河北人民出版社2001年版，第470—471页。

  1961 年 11 月，冯雪峰摘掉"右派"帽子。早在抗日战争期间，冯雪峰就有过撰写太平天国题材长篇小说的想法。他曾在浙江家乡收集到一些有关太平天国的材料，读后认为"以太平天国同曾国藩在长江流域的战争、以及同外国侵略者直接作战的战争为中心来写一部小说是十分有意义的"①，从此便一直注意收集相关材料。此时作协党组书记邵荃麟问他愿不愿意专门研究文艺理论，冯雪峰表示不愿意，而想搞搞创作，提出是否可以再写长征，邵荃麟认为这时候由他来写长征是不适宜的。冯雪峰理解自己刚摘"帽子"，而长征是重大的现代革命题材，于是就提到想写太平天国。邵荃麟认为这可以考虑。从1962 年春节开始，人文社给了冯雪峰一年创作假，不到社上班，只须每星期到社一起学习一次。1962 年整整一年，冯雪峰都在旧书店、图书馆等地查找材料，在家里构思。年底，他拿出一个小说主题和情节发展的提要。1964 年 4 月 2 日至 8 月 10 日，冯雪峰得到批准，先后到广西、湖南、湖北三省区四十多个县区实地调查，收获不少材料。与此同时，他不断思考、修改创作的主题和结构。但最终，由于政治运动不断冲击，冯雪峰还是未能完成他的创作宏愿。

  1965 年 8 月 27 日，62 岁的冯雪峰以"冯诚之"的化名，来到河南安阳。9 月 24 日，他进驻安阳高庄公社高庄大队，正式开展"四清"工作。1966 年 3 月，"四清"工作队被急电召回北京，集中隔离学习。"文革"开始，冯雪峰受到冲击，被隔离在人文社院内，经常被批判斗争。冯雪峰始终实事求是，从不计较个人恩怨，从不诬陷、打击曾经伤害过他的人。

---

  ① 冯雪峰：《我计划拟写〈太平天国〉的经过和我的检查》，《冯雪峰全集（八）》，人民文学出版社 2016 年版，第 22 页。

1969 年 9 月 26 日，人文社干部一百六七十人被下放至湖北咸宁文化部五七干校劳动。"四人帮"要"挖""三十年代的出版黑线"，把矛头指向三联书店，特别是生活书店和邹韬奋。1970 年秋天一次晚上的群众大会上，冯雪峰激于义愤，站在飒飒寒风中，不顾自己当时的处境，愤慨地批驳了攻击生活书店的谰言，对 30 年代左翼文化出版战线的功绩，作了充分肯定的评价。那是他在干校时唯一的一次大会发言，给人们留下了深刻的印象。[1]1972 年，冯雪峰从干校返回北京。1973 年 2 月，冯雪峰被正式调回人文社，"但可以在家中办公，即稿子等送到家来看，事情不能说多，也不能说少"[2]。1975 年 2 月，冯雪峰被检查出左上肺癌症，3 月间进医院将病肺整叶切除后在家吃中药恢复。

"文革"期间，冯雪峰仍审读了不少稿件，并撰写了审稿意见。其审稿意见表现出明显的时代痕迹，如在对《创新篇》、《红星》、《风尘小记》等书稿的审读意见中，明显强调阶级斗争的主题，对表现两条路线斗争的作品，"觉得内容和主题都是好的"[3]；强调"加强从阶级观点和阶级分析方法去写人物"[4]。从审稿意见中，同样可以看出冯雪峰的文学理论修养与编辑的职业操守。如对《创新篇》，他直言内容和主题都是好的，就是写作水平较低；有清新活泼和明畅的优点，

---

① 扬尘：《病床前的回忆》，载包子衍、袁绍发、郭丽卿、王锡荣编：《冯雪峰纪念集》，人民文学出版社 2003 年版，第 425 页。

② 冯雪峰：《1973 年 12 月 8 日致韩侍桁信》，《冯雪峰全集（七）》，人民文学出版社 2016 年版，第 95 页。

③ 冯雪峰：《审稿意见·〈创新篇〉》，《冯雪峰全集（六）》，人民文学出版社 2016 年版，第 437—438 页。

④ 冯雪峰：《审稿意见·〈风尘小记〉》，《冯雪峰全集（六）》，人民文学出版社 2016 年版，第 441 页。

但书名太一般化。① 对《红星》，冯雪峰认为，"虽然路线斗争和阶级斗争都写得不充分、深入和有力，但因为是写内蒙的群众生活和斗争，有些片断也生动"②。尤其是《风尘小记》，冯雪峰写出了长达两千余字的审稿意见，认为"可以说半数以上的情节都是不近'情理'（客观真实性和可能性）的，因而不管写事、写人都写得不够真切，有时是非常不真切。特别是写敌人的场面，虽说是为了暴露敌人的凶恶、残暴、阴险，以及昏乱、无能、愚蠢，等等，写得夸张一点是完全允许的，但总不能随意'编造'（有时甚至可说是'胡扯'），因为像原稿中这样随意'编造'并不能达到暴露的目的，也不可能有其它的意义，倒会使人觉得作者的态度不够认真和严肃。……总之，不近'情理'的情节太多了（不只限于写敌人），要举例是举不完的。……总起来说，这部作品有它的优点，但糟粕占了优势；如果不是彻底改作，我觉得是不能考虑出版的"。尽管如此，他也认真地给出处理意见，"假如作者愿意改作，似乎可以提出几点供他参考"。他列了六条修改意见，涉及主题、情节、布局、描写、人物、段落和错别字。③

晚年的冯雪峰，仍然在为鲁迅著作的编辑出版工作奉献自己最后的力量。在王仰晨等人的争取之下，冯雪峰可以参加鲁迅著作的出版工作，但有限制条件："一、不能参与编选、注释等重要工作，只能做一般资料性的工作；二、不许对外，不要来社办公，以防'不良'

---

① 冯雪峰：《审稿意见·〈创新篇〉》，《冯雪峰全集（六）》，人民文学出版社 2016 年版，第 437—438 页。

② 冯雪峰：《审稿意见·〈红星〉》，《冯雪峰全集（六）》，人民文学出版社 2016 年版，第 438 页。

③ 冯雪峰：《审稿意见·〈风尘小记〉》，《冯雪峰全集（六）》，人民文学出版社 2016 年版，第 438—441 页。

影响；三、凡外来向他了解鲁迅情况的人，须经组织批准。"对此并不知情的冯雪峰，仍全身心投入工作。作为顾问，或口头或书面，他为注释工作解决疑难，耗费了大量的心血。同事头天晚上向冯雪峰请教鲁迅《译文》停刊事，他当天晚上便通宵核查《鲁迅全集》、《鲁迅书简》，就此事给出详细的索引。鲁迅的《辱骂和恐吓决不是战斗》一文中所批评的芸生的《汉奸的供状》，当时被罗织为瞿秋白化名所写。为了给挚友瞿秋白洗清"罪证"，冯雪峰不断向茅盾、周扬、葛琴等人取证，获取第一手资料。据影印本排印出版的《鲁迅日记》，错漏较多，断句方面也存在一些错误。王仰晨请冯雪峰和孙用据影印件再进行一次校勘。不久因孙用忙于其他工作，《日记》的校勘任务基本上由冯雪峰独力承担。虽然他也年老体衰，却仍逐字逐句十分认真地做完了这项工作。①

对当时社会上年轻人研究鲁迅，冯雪峰给予倾力支持。他鼓励画家裘沙对鲁迅进行实事求是的研究，指导裘沙收集、考证、整理鲁迅的照片。冯雪峰毫不介意陈鸣树曾批判过自己，向他提供清代秘密会党的资料。山东的中学老师包子衍课余研究《鲁迅日记》，冯雪峰详细回信解答，平均每月回复两三封信，有的长达七千字；在包子衍自费来京查找资料时，冯雪峰不仅当面答疑，还安排他来自己家中吃饭，热情地给他开列好访谈名单，写好介绍。1975 年，在湖南出版局工作的朱正致信冯雪峰，向他请教鲁迅著作补注的问题，并告诉他因为发现许广平回忆鲁迅文章材料有一些误记失实的情况，自己正在撰写涉及鲁迅生平事迹考证性的系列文章《鲁迅回忆录正误》。已经二十多年

---

① 王仰晨：《鲁迅著作出版工作的十年（1971—1981）》，《鲁迅研究月刊》1999 年第 11 期。

未曾写研究性文章并且刚因肺癌做了手术正在服药的冯雪峰，分几次翻阅完这本书稿。他告诉朱正："得了印象，觉得你'正'的是对的，你确实化了很多时间和很大精力，做了对于研究鲁迅十分有用的工作。不这样细心和认真加以核正，会很容易这么模模糊糊地'错误'下去的。"不过冯雪峰又直言，"这指正本身已很有说服力，正用不到'论战'的以至'谴责'的口吻和锋芒的词句。而且一方面，我想我只要一提，你就会感到，在这种口吻中又流露了你的似乎压制不住的骄傲，这是我觉得更加值得你注意一下的"。冯雪峰还担心是自己的误解，特意把书稿给来看望他的孙用审看。得到有同感的结论后，冯雪峰把稿件寄给朱正，建议他修改。① 对求真的学术精神加以鼓励，而又不忘直陈其中存在的态度问题，冯雪峰的做法可谓用心良苦。这时，距离冯雪峰去世，仅剩 20 多天的时间。朱正 1986 年在人文社出版《鲁迅回忆录正误》时，直接以冯雪峰的信作为代序印在卷首，称"每一个读了的人都可以想到我是怎样的感激的"②。在后来的纪念性文章中，朱正一再提及，冯雪峰的著作，给了他许多有关的知识，而更重要的，是在学习和工作的态度上，教育他用实事求是的态度去研究鲁迅。冯雪峰《回忆鲁迅》这本书，为学人提供了最丰富也最权威的资料；而且，"这本书态度的严谨，实事求是，也是不可及的。……就写作的态度来说也是极好的，对于我们的学术工作，也是一个范例"。③

　　1976 年 1 月 31 日，农历正月初一，上午 11 时 42 分，冯雪峰逝

---

① 冯雪峰：《1976 年 1 月 5 日致朱正信》，《冯雪峰全集（七）》，人民文学出版社 2016 年版，第 163—164 页。

② 朱正：《鲁迅回忆录正误》，人民文学出版社 1986 年版，第 262 页。

③ 朱正：《我的怀念与感激》，载包子衍、袁绍发、郭丽卿、王锡荣编：《冯雪峰纪念集》，人民文学出版社 2003 年版，第 390—392 页。

世于协和医院，寂寞地告别了世界。

1979 年 2 月，人文社同国家出版局党委会联合上报《关于冯雪峰同志右派问题的改正决定》。4 月 4 日，中共中央组织部正式批准《关于冯雪峰同志右派问题的改正决定》，为冯雪峰恢复党籍，恢复名誉。11 月 17 日，人文社为冯雪峰补开追悼会，党政领导和知名人士一千多人参加。中共中央宣传部副部长朱穆之所致的悼词，高度评价了冯雪峰为中国革命和中国文化做出的巨大贡献，其中说道："冯雪峰同志一生主要致力于党的文艺事业。早在一九二六年他就从事马克思主义文艺理论的介绍与传播工作。稍后，他的这一工作得到了鲁迅先生的指导和帮助，编辑出版了《科学的文艺理论丛书》，对党所领导的革命文艺运动起了积极的促进作用。……其后，他作为'左联'的负责人之一，团结和组织大批进步作家、革命作家，对当时国民党反动派的反革命文化'围剿'进行了英勇顽强的斗争。……解放后，他又长期主持《鲁迅全集》的注释出版工作。"[1]2016 年，在冯雪峰逝世 40 年后，人民文学出版社推出了 12 卷本 500 余万言的《冯雪峰全集》。在全集卷首的"出版说明"中，赫然标示着冯雪峰"编辑出版家"的身份。

---

[1]　朱穆之：《在冯雪峰同志追悼会上的悼词》，载包子衍、袁绍发、郭丽卿、王锡荣编：《冯雪峰纪念集》，人民文学出版社 2003 年版，第 492 页。

冯雪峰编辑出版大事年表 ①

1903 年

6 月 2 日，生于浙江义乌南乡神坛村。名冯福春。

1921 年　18 岁

秋季，考入浙江第一师范学校，改名冯雪峰，开始写作新诗，加入文学团体"晨光社"。

发表作品《到省议会旁听》（迄今为止所知其最早公开发表的文学作品）、《小诗》等。

1922 年　19 岁

4 月，与应修人、潘漠华、汪静之结成"湖畔诗社"，并以诗社的名义出版诗集《湖畔》，此为中国现代最早的新诗诗集之一，内收冯雪峰 17 首诗。

① 本年表主要参考包子衍《雪峰年谱》（上海文艺出版社 1985 年版）与冯烈、方馨未编《冯雪峰年谱》（见《冯雪峰全集（十二）》附录，人民文学出版社 2016 年版，第 369—472 页）编写而成。向三位作者深致谢忱。

1923年　20岁

12月，《春的歌集》（《湖畔诗集》第二集，与应修人、潘漠华合著，共收新诗105首）出版，内收冯雪峰所作新诗11首和散文《秋夜怀若迦》。

1924年　21岁

到上海中华学艺社（又称"丙辰学社"，由留日中国学生组建）做事务员，开始接触和学习日文。

1925年　22岁

2月，到北京。在北京大学旁听李大钊等授课。课余自修日语，从事校对、家庭教师、故宫博物馆雇员等工作。参与创办"湖畔诗社"刊物《支那二月》。

1926年　23岁

开始从事日文翻译或转译文艺理论著作和文学作品。

在北大听鲁迅讲课。在《莽原》发表译作《花子》、《无产阶级诗人和农民诗人》等。译介马克思主义文艺理论和介绍苏联文艺状况的作品。

1927年　24岁

6月，经张天翼与另一党员介绍，在中国大学支部加入中国共产党。

11月，因翻译书稿扉页上题有"这本译书献给为共产主义而牺牲的人们"，遭通缉，避难于"未名社"近三个月。结识丁玲。

1928年　25岁

2月，在上海与戴望舒、苏汶（杜衡）在施蛰存家中共同创办《文学工场》。原拟由上海光华书局出版，后因太激进而未能出版。

7月，回义乌，任城区支部书记，公开身份为县立初中国文教员。

12月9日，在上海由柔石陪同拜访鲁迅。

1929年 26岁

1月，有计划地翻译马克思主义文艺理论著作，筹划主编、出版一套马克思主义文艺理论丛书，后定名为"科学的艺术论丛书"。

5月，开始筹办《萌芽月刊》。

11月，主编《萌芽月刊》，得到鲁迅的大力支持与指导。

1930年 27岁

1月，主编的《萌芽月刊》正式出版（自第三期起成为"左联"的机关刊物，出至第五期时遭国民党当局禁止）。

2月1日，为创办《文艺研究》杂志，陪同鲁迅参加义乌同乡陈望道（大江书铺的创办人之一）、冯三昧等在新雅茶店召集的聚餐会。

2月10日，所译列宁的《论新兴文学》（即《党的组织和党的文学》）在《拓荒者》发表。后被陈望道改题为《伊理基论新兴文学》，作为附录收入其翻译的《苏俄文学理论》一书。

2月16日，与鲁迅、柔石等同往北四川路公啡咖啡馆参加"左联"筹备会议，为"左联"12位筹备人之一。会后与冯乃超共同起草"左联"纲领。3月2日，"左联"成立。

3月，着手协助鲁迅等筹办《巴尔底山》（4月11日创刊，出至5月21日第五期被查禁）。

4月，协助鲁迅与神州国光社联系编印"现代文艺丛书"，原计划出版鲁迅、柔石、曹靖华、冯雪峰等人的译著10种，后因国民党对左翼文化的压迫，只出版了4种。

5月，由于屡遭查禁，与鲁迅商议将《萌芽月刊》改名为《新地月刊》

出版。但仅出一期又被查禁。

6月，编辑鲁迅的译著《文艺政策》，由上海水沫书店出版，列为"科学的艺术论丛书"之十三。

7月，编辑鲁迅的译著《艺术论》，由上海光华书局出版，列为"科学的艺术论丛书"之一。

筹划《世界文化》，作为"左联"的机关刊物于9月10日创刊。

1931年 28岁

2月，接任"左联"党团书记。与鲁迅商议为牺牲的柔石等人办纪念专刊，即4月20日出版的《前哨》（纪念战死者专号），后更名为《文学导报》（1931年8月15日出版，同年11月5日出至第八期停刊）。

授意丁玲主办《北斗》杂志，9月20日创刊。

年底，与鲁迅一起创办的"左联"另一份机关刊物《十字街头》半月刊创刊，只出版3期即被扼杀。

1932年 29岁

1月17日，被推举为中国著作者协会主要筹备人。

2月8日，参加发起组织中国著作家抗日会，当选执行委员与该会编辑委员会委员。

2月，任中共中央文化工作委员会（"文委"）书记。

1933年 30岁

帮助浙江一师同学郭静唐为天马书店向鲁迅约稿。后来《鲁迅自选集》、《门外文谈》等在天马书店出版。

6月，任中共江苏省委常委、宣传部部长，兼管"文委"工作。

秋，由于身份暴露，党中央决定让冯雪峰暂离上海。12月底抵达瑞金苏区，先后任中央党校教务长、副校长，红军大学政治教员等职。

1935 年　32 岁

参加长征，抵达陕北。在陕北党校任教。

年底，撰写、整理关于红军长征的多种资料。

1936 年　33 岁

4 月，受中共中央指派到上海，与鲁迅、茅盾等取得联系。以中共中央特派员身份兼管上海文艺工作，参与"国防文学"与"民族革命战争的大众文学"两个口号的论争。

5 月上旬，将鲁迅转交的方志敏致党中央的信转呈党中央。方志敏的手稿《可爱的中国》、《清贫》按照中央的指示在上海被秘密保存。

10 月 19 日，鲁迅逝世。冯雪峰主持治丧工作，对整个丧事活动进行了规划与协调。

1937 年　34 岁

8 月 14 日，与茅盾、巴金等人商讨出版适应战时需要的小型文艺刊物《呐喊》周刊。此刊后以《文学》、《中流》、《文丛》、《译文》四个刊物同人名义合办，于 1937 年 8 月 25 日创刊。

12 月下旬，回到家乡义乌。

1939 年　36 岁

3 月初，骆宾基将新近出版的《鲁迅全集》从上海专程送至义乌神坛冯雪峰家中。

1941 年　38 岁

2 月 26 日在家中被宪兵逮捕，相继关押于上饶集中营、徐市集中营。其间曾在"特训班"编墙报。

1943 年　40 岁

1 月，在浙江丽水，为《东南日报》副刊《笔垒》审稿。

6 月，抵达重庆。

1944 年　41 岁

春，接手主编《抗战文艺》。

5 月，与郭沫若、茅盾、老舍等 78 人共同列名《重庆文化界对言论出版自由意见书》和《重庆文化界为言论出版自由呈中国国民党十二中全会请愿书》。

1945 年　42 岁

5 月，编辑的《抗战文艺·文协成立七周年并庆祝第一届文艺节纪念特刊》出版。

1947 年　44 岁

10 月，为所编《丁玲文集》作《后记》。该文集 1949 年 3 月由上海春明书店出版，列为"现代作家文丛"第八集。

1948 年　45 岁

1 月，《雪峰文集》由上海春明书店列为"现代作家文丛"第十集出版。

8 月，被江苏省委安排到苏联塔斯社驻上海的中国分社所属的时代出版社工作，任编审，讫于 1949 年 6 月。

1949 年　46 岁

6 月 26 日—7 月 19 日，在北京参加第一次中华全国文学艺术工作者代表大会。

7 月 19 日，中华全国文学艺术界联合会（简称全国文联）正式成立。当选为中华全国文学艺术界联合会全国委员会委员。

7 月 24 日，中华全国文学工作者协会（简称全国文协，1953 年 10 月更名为中国作家协会）成立，当选中华全国文学工作者协会常务委员会委员和全国委员会委员。

9 月 11 日，中华全国文学工作者协会上海分会成立，当选为执行委员，后又担任分会主席。

11 月，被任命为中华全国文学工作者协会党组副书记。

1950 年　47 岁

7 月 24—29 日，出席上海市文学艺术工作者代表大会并做报告。会上成立上海市文联，被选为副主席，兼任《文艺创作丛书》编辑委员会主任委员及主编。

10 月 7 日，中央人民政府出版总署决定在上海成立鲁迅著作编刊社，任命冯雪峰为社长兼总编辑。社址设在武进路三〇九弄十二号。

10 月 23 日，拟定《鲁迅著作编校和注释的工作方针和计划草案》，发表于 1951 年 2 月 25 日《文艺报》。

11 月，鲁迅著作编刊社正式成立。

1951 年　48 岁

2 月 1 日，《文艺新地》月刊创刊，任主编。

3 月初，受命留在北京筹建人民文学出版社，任社长兼总编辑，仍兼管上海鲁迅著作编刊社的工作。主持编印《鲁迅日记》影印本。

3月28日，人民文学出版社正式成立。

5月，主持人民文学出版社的初创工作。

7月11日，写《〈鲁迅日记〉再版说明》。《鲁迅日记》8月至9月由上海出版公司再版。

9月6日，为影印出版方志敏遗著《可爱的中国》写《说明》。《可爱的中国》10月由上海出版公司出版。

10月20日，所写《关于鲁迅著作的编校注释和出版》在《人民日报》发表。

10月22日，作为中国作家代表团团长率领15名作家前往苏联访问。

本年，重新创作关于长征的长篇小说。

1952年　49岁

1月下旬起，兼任《文艺报》主编。主持了《文艺报》总第五十五期（1952年第二号）至总第一二三期（1954年第二十二号）的编辑工作。

7月，鲁迅著作编刊社并入人民文学出版社，改称"鲁迅著作编辑室"。

10月，开始在人民文学出版社有计划地组织进行中国古典文学名著的校勘和出版工作。

12月，被任命为中华全国文学工作者协会党组书记。

1953年　50岁

3月24日，出席全国文协常务委员会召开的第六次扩大会议，受任刊物委员会主任，负责研究全国文协各机关刊物的方针、计划及检查执行情况等工作。

8月，编辑《瞿秋白文集》并作序。《瞿秋白文集》10月开始由人民文学出版社出版，至1954年2月出齐。

9月23日，出席中华全国文学艺术工作者第二次代表大会开幕式，为大会主席团成员。大会将"中华全国文学艺术界联合会"更名为"中国文学艺术界联合会"。当选为中国文学艺术界联合会常务委员会委员和全国委员会委员。

9月25日，出席中华全国文学工作者协会第二次代表大会开幕式。

10月初，中华全国文学工作者协会正式更名为中国作家协会（简称中国作协）。当选为中国作协副主席、中国作协理事会理事；成为作协党组成员。

12月，开始指导杜鹏程修改长篇小说《保卫延安》。

1954年　51岁

12月8日，《文艺报》改组，被解除《文艺报》主编职务。

1955年　52岁

拟定《鲁迅逝世二十周年纪念准备工作计划》、《鲁迅逝世二十周年纪念研究性论文拟题计划》、《〈鲁迅全集〉（新版）出版计划》和《关于人民文学出版社设立编辑委员会方案（草案）》。

1956年　53岁

5月，主持编辑、注释新版十卷本《鲁迅全集》。随后，主持编辑的24种鲁迅著作单行本、《鲁迅译文集》、《鲁迅日记》（排印本）相继出版。

11月下旬，参加全国文学期刊编辑工作会议并发表讲稿《在文学期刊编辑工作会议上的讲话》。

1957年　54岁

3月6—13日，参加中国共产党全国宣传工作会议。

8月28日，被文化部党组定为"右派骨干分子"。

1958 年　55 岁

2 月，人民文学出版社党支部大会召开，通过"开除冯雪峰出党"的决议。

3 月 21 日，被撤销人民文学出版社社长兼总编辑等职务，保留中国文学艺术界联合会委员、中国作家协会理事等职务，由文艺一级降为文艺四级。

下半年，在人民文学出版社现代文学编辑部五四组做编辑工作，参加《叶紫选集》的编校并着手编辑《郁达夫文集》。

1960 年　57 岁

12 月，调到人民文学出版社新成立的编译所，编辑《新文学三十年集·短篇小说选》等。

1966 年　63 岁

"文革"开始，受到冲击，经常被批判斗争。

1969 年　66 岁

11 月 20 日，离开北京赴咸宁五七干校。

1972 年　69 岁

10 月 10 日，回到北京。

11 月，暂时在人民文学出版社新成立的鲁迅著作编辑室工作，在家看稿、校稿与答疑。

1973 年　70 岁

2 月，被正式安排在鲁迅著作编辑室，在家办公。

12 月，为出版社审阅小说来稿，并写审稿意见。

1974 年　71 岁

2 月，与孙用合作校订《鲁迅日记》。

1976 年　73 岁

1 月 31 日（正月初一），因病医治无效，于上午 11 时 42 分逝世于协和医院。

1979 年

4 月 4 日，中央组织部批准《关于冯雪峰同志右派问题的改正决定》，恢复党籍，恢复政治名誉。

10 月，《雪峰的诗》由人民文学出版社出版。

11 月 17 日，冯雪峰同志追悼会在北京西苑饭店大礼堂举行。

主要参考文献

《冯雪峰全集（1—12）》，人民文学出版社 2016 年版。

包子衍：《雪峰年谱》，上海文艺出版社 1985 年版。

包子衍、袁绍发：《回忆雪峰》，中国文史出版社 1986 年版。

包子衍、袁绍发、郭丽卿、王锡荣编：《冯雪峰纪念集》，人民文学出版社 2003 年版。

陈改玲：《重建新文学史秩序》，人民文学出版社 2006 年版。

陈江辑注：《中国出版史料（现代部分）第一卷（下册)》，山东教育出版社 2001 年版。

陈矩弘：《新中国出版史研究（1949—1965)》，上海交通大学出版社 2012 年版。

陈思广、徐家盈：《史诗"是人民对于文学的更高的要求的表示"——冯雪峰与〈保卫延安〉的史诗性追求及历史意义》，陕西师范大学人文社会科学高等研究院编：《大西北文学与文化》第三辑，作家出版社 2022 年版。

陈伟军：《传媒视域中的文学——建国后十七年小说的生产机制与传播

方式》，广西师范大学出版社 2009 年版。

陈早春：《略论冯雪峰的编辑出版工作》，《编辑学刊》1986 年第 3 期。

陈早春、万家骥：《冯雪峰评传》，人民文学出版社 2003 年版。

程振兴：《被"注释"的鲁迅——以〈答徐懋庸并关于抗日统一战线问题〉题注为中心》，《海南师范大学学报》（社会科学版）2014 年第 2 期。

储著武：《新中国成立初期文化转变研究（1949—1956）》，中国人民大学出版社 2013 年版。

丁帆主编：《中国现当代文学制度史》，作家出版社 2020 年版。

丁景唐等：《我与人民文学出版社》，人民文学出版社 2001 年版。

丁言模：《穿越岁月的文化刊物和作家（四）》，中国社会出版社 2019 年版。

董校昌：《晨光社的成立及其活动》，《新文学史料》1985 年第 3 期。

杜英：《重构文艺机制与文艺范式（上海，1949—1956）》，上海三联书店 2011 年版。

范继忠：《中国期刊史　第三卷（1949—1978）》，人民出版社 2017 年版。

方厚枢、魏玉山：《中国出版通史·中华人民共和国卷》，中国书籍出版社 2008 年版。

方厚枢：《中国当代出版社史料文丛》，中国书籍出版社 2007 年版。

方馨未：《冯雪峰编辑〈萌芽月刊〉、〈十字街头〉及与鲁迅和瞿秋白的关系——李浩先生的某些论述与史实不符》，上海鲁迅纪念馆编：《上海鲁迅研究》2014 年冬季号，上海科学出版社 2015 年 1 月。

［荷兰］佛克马：《中国文学与苏联影响（1956—1960）》，季进、聂友军译，北京大学出版社 2011 年版。

何启治：《朝内 166：我亲历的当代文学》，人民文学出版社 2016 年版。

何启治：《光荣与梦想：人民文学出版社 . 复苏编》，人民文学出版社 2008 年版。

何启治：《文学编辑四十年》，人民文学出版社 2001 年版。

洪子诚：《材料与注释》，北京大学出版社 2016 年版。

洪子诚：《问题与方法——中国当代文学史研究讲稿》，北京大学出版社 2010 年版。

洪子诚：《中国当代文学史（修订本）》，北京大学出版社 2007 年版。

胡友峰、郑晓锋：《人民文学出版社与红色经典的生成》，《兰州学刊》 2016 年第 12 期。

黄发有：《中国当代文学传媒研究》，人民文学出版社 2014 年版。

黄品良：《建国初期我国出版业调整述论》，《广西社会科学》2006 年第 6 期。

蒋路：《蒋路文存》，人民文学出版社 2004 年版。

蒯大申、饶先来：《新中国文化管理体制研究》，上海人民出版社 2010 年版。

黎之：《文坛风云录》，河南人民出版社 1998 年版。

黎之：《文坛风云续录》，人民文学出版社 2010 年版。

李白坚：《中国出版文化概观》，广西教育出版社 1999 年版。

李红强：《〈人民文学〉十七年（1949—1966）》，当代中国出版社 2009 年版。

李建军：《现代中国"人民话语"考论——兼论"延安文学"的"一体化"进程》，光明日报出版社 2008 年版。

李洁非、杨劼：《共和国文学生产方式》，社会科学文献出版社 2011 年版。

李频：《出版：人学絮语》，河南大学出版社 2012 年版。

李频：《龙世辉的编辑生涯——从〈林海雪原〉到〈芙蓉镇〉的编审历程》，河南大学出版社 1992 年版。

李频主编：《共和国期刊 60 年（1949—2009）》，中国大百科全书出版社

2010 年版。

　　李新宇：《〈鲁迅全集〉：一条注释的沉重历史》，《东岳论丛》2011 年第 11 期。

　　李杨：《"鲁编室"与〈鲁迅全集〉的生产》，《当代文坛》2021 年第 6 期。

　　李维：《编辑职业发展中的专业身份认同》，《出版发行研究》2010 年第 12 期。

　　李卫国：《互动中的盘旋——"十七年"的读者与文学》，复旦大学博士学位论文，2004 年。

　　刘锡诚：《在文坛边缘上——编辑手记》，河南大学出版社 2004 年版。

　　刘运峰：《1958 年版〈鲁迅全集〉的编辑和出版》，《中国出版史研究》2017 年第 3 期。

　　刘运峰：《从普及到神化——人民文学出版社有关鲁迅及其研究著作的编辑和出版（1951—1977）》，《中国出版史研究》2021 年第 4 期。

　　刘震：《左翼文学运动的兴起与上海新书业（1928—1930)》，人民文学出版社 2008 年版。

　　龙世辉：《编余随笔》，人民文学出版社 1995 年版。

　　卢燕娟：《人民文艺再研究》，文化艺术出版社 2015 年版。

　　芦田肇、张欣：《鲁迅、冯雪峰对马克思主义文艺理论的接受——水沫版、光华版〈科学的艺术论丛书〉版本、材源考》，《中国现代文学研究丛刊》1993 年第 2 期。

　　《鲁迅全集》，人民文学出版社 2005 年版。

　　鲁迅等编：《红藏：进步期刊总汇（1915—1949）萌芽月刊　新地月刊》，湘潭大学出版社 2014 年版。

　　马鸣：《译介"马克斯主义的 X 光线"：冯雪峰与"科学的艺术论丛书"》，上海鲁迅纪念馆编：《上海鲁迅研究·鲁迅与江南文化》总第 89 辑，上海社会科学院出版社，2021 年 4 月。

孟繁华：《传媒与文化领导权——当代中国的文化生产与文化认同》，山东教育出版社 2003 年版。

《聂绀弩全集》（十），武汉出版社 2004 年版。

聂震宁：《在朝内 166 号的日子里》，江西高校出版社 2019 年版。

牛汉：《我仍在苦苦跋涉——牛汉自述》，何启治、李晋西编撰，生活·读书·新知三联书店 2008 年版。

戚学英：《作家身份认同与中国当代文学的生成（1949—1966）》，华中师范大学出版社 2013 年版。

人民文学出版社编：《光荣与梦想——人民文学出版社 60 年（1951—2011）》，人民文学出版社 2011 年版。

人民文学出版社编：《人民文学出版社六十年图书总目（1951—2011）》，王海波辑录，人民文学出版社 2011 年版。

［日］石川祯浩：《中国共产党成立史》，袁广泉译，中国社会科学出版社 2006 年版。

舒芜：《舒芜口述自传》，许福芦撰写，人民文学出版社 2014 年版。

《施蛰存全集》第 2 卷，华东师范大学出版社 2010 年版。

斯炎伟：《全国第一次文代会与新中国文学体制的建构》，人民文学出版社 2008 年版。

孙晓忠：《当代文学中的冯雪峰——以〈文艺报〉为中心》，《文学评论》2005 年第 3 期。

《孙绳武诗文集》，人民文学出版社 2016 年版。

涂光群：《五十年文坛亲历记》，辽宁教育出版社 2005 年版。

涂光群：《中国三代作家纪实》，中国文联出版社 1995 年版。

屠岸：《生正逢时：屠岸自述》，何启治、李晋西撰，生活·读书·新知三联书店 2010 年版。

屠岸等：《朝内 166 号记忆》，人民文学出版社 2016 年版。

屠岸等：《王笠芸纪念集》，人民文学出版社 2011 年版。

王艾村：《柔石评传》，上海人民出版社 2002 年版。

王本朝：《中国当代文学制度研究（1949—1976）》，新星出版社 2007
年版。

王培元：《永远的朝内 166 号：与前辈魂灵相遇》，人民文学出版社 2014
年版。

王秀涛：《中国当代文学生产与传播制度研究》，文化艺术出版社 2013
年版。

王仰晨等：《王仰晨编辑人生》，人民文学出版社 2007 年版。

王仰晨等：《文学编辑纪事》，首都师范大学出版社 2010 年版。

王仰晨：《鲁迅著作出版工作的十年（1971—1981）》，《鲁迅研究月刊》
1999 年第 11 期。

王士菁：《我所知道的〈可爱的中国〉出版情况》，《鲁迅研究月刊》
1992 年第 2 期。

王中忱：《无产阶级文学运动的组织化与理论批评的跨国再生产——以
冯雪峰翻译列宁文论为线索》，《文学评论》2021 年第 3 期。

《韦君宜文集》（全 5 册），人民文学出版社 2013 年版。

魏宏瑞：《文学场与政治场——以十七年（1949—1966）〈文艺报〉"编
者按"为考察中心》，《扬子江评论》2008 年第 5 期。

吴长华：《冯雪峰评传》，上海书店出版社 1995 年版。

吴俊：《国家文学的想象与实践——以〈人民文学〉为中心的考察》，上
海古籍出版社 2007 年版。

吴述桥：《冯雪峰：马克思主义文论翻译的佼佼者》，《中国社会科学报》
2022 年 2 月 8 日。

吴秀明：《当代历史文学生产机制和历史观问题研究》，中国社会科学出
版社 2011 年版。

吴秀明:《中国当代文学史料问题研究》,中国社会科学出版社 2016 年版。

吴义勤:《文学制度改革与中国新时期文学》,文化艺术出版社 2013 年版。

武新军:《意识形态结构与中国当代文学——〈文艺报〉(1949—1989) 研究》,中国社会科学出版社 2010 年版。

杨卫民:《摩登上海的红色革命传播——中共出版人在上海的社会生活 实践(1920—1937)》,上海大学出版社 2015 年版。

谢保杰:《主体、想象与表达:1949—1966 年工农兵写作的历史观察》, 北京大学出版社 2015 年版。

谢波:《媒介与文艺形态:〈文艺报〉研究(1949—1966)》,复旦大学出 版社 2013 年版。

徐志伟:《"十七年"时期农村新文艺读物的出版与传播》,《文学评论》 2013 年第 4 期。

徐庆全:《周扬与冯雪峰》,湖北人民出版社 2005 年版。

许广平:《欣慰的纪念》,人民文学出版社 1981 年版。

许觉民:《风雨故旧录》,上海教育出版社 2002 年版。

杨凤城:《中国共产党与当代中国文化发展研究》,中国党史出版社 2013 年版。

姚辛:《左联史》,光明日报出版社 2006 年版。

俞子林主编:《百年书业》,上海书店出版社 2008 年版。

袁亮主编:《中华人民共和国出版史料》(1—13),中国书籍出版社 1995—2009 年版。

张欢:《20 世纪革命框架下解读左翼文化—政治结构及其理论家——以 冯雪峰为线索》,《文艺争鸣》2015 年第 3 期。

张慧强:《冯雪峰与中国当代文学》,东方出版中心 2020 年版。

张均：《中国当代文学制度研究（1949—1976）》，北京大学出版社 2011 年版。

张均：《"有力"人物的"争夺战"——1950 年代〈文艺报〉人事纠葛及编辑理念之演变》，《扬子江评论》2015 年第 6 期。

张均：《"普及"与"提高"之辩——论五十年代精英文学与通俗文学的势力之争》，《文学评论》2008 年第 5 期。

张柠：《再造文学巴别塔 1949—1966》，广东教育出版社 2009 年版。

张梦阳：《中国鲁迅学通史·宏观反思卷：20 世纪中国一种精神文化现象的宏观描述与理性反思》，广东教育出版社 2001 年版。

张晓鼎：《鲁迅著作出版史上的三座丰碑——〈鲁迅全集〉三大版本纪实》，《出版史料》2005 年第 2 期。

郑效洵：《最初十年间的人民文学出版社——忆冯雪峰、王任叔同志》，《新文学史料》1991 年第 1 期。

支克坚：《冯雪峰论》，陕西人民出版社 1992 年版。

中国社会科学院文学研究所《左联回忆录》编辑组编：《左联回忆录》，中国社会科学出版社 1982 年版。

中国新闻出版研究院编：《中华人民共和国出版史料》（14—15），中国书籍出版社 2013—2014 年版。

中国作家协会编：《中国作家协会第二次理事会会议（扩大）报告、发言集》，人民文学出版社 1956 年版。

钟媛：《略论五四"文人编辑"的"体制化"转型——以冯雪峰的编辑历程梳考为个案》，《贺州学院学报》2017 年第 3 期。

周立民：《草创时期的人文社与新中国文学出版体制的构建——从一份社务会议记录说起》，《南方文坛》2017 年第 1 期。

周晓风：《新中国文艺政策的文化阐释》，中国社会科学出版社 2008 年版。

邹振环：《20世纪上海翻译出版与文化变迁》，广西教育出版社 2001
年版。

《前哨》第 1 卷第 1 期
《文学导报》（第 1 卷第 2 期—第 1 卷第 8 期）
《文艺报》（1949—1965）

后　记

　　这是一本简要的冯雪峰传记。说它简要，不仅因为它只是勾勒了冯雪峰多元角色、复杂人生的一个侧面，还因为，即使只是其被忽视的编辑出版家这一个侧面，这本小书也没有能力呈现出其中的复杂性及其所折射出的 20 世纪丰富的社会历史内容。

　　说到底，人是经历的产物。远远说不上是学术自觉，只是因为此前曾经从事文学编辑出版工作而后进入大学从事现当代文学研究的关系，对于文学生产背后的制度性因素，尤其是出版与传播制度，我有着一种近乎本能的关注。近些年，自己对以冯雪峰、韦君宜、秦兆阳、严文井、牛汉等为代表的人民文学出版社人物，萌生出一种越来越浓厚的兴趣。在完成《中国出版家·韦君宜》后，我又应邀勉力写了这册小书。原以为会写得比较轻松，但在多次修改删节的过程中，越来越发现其中的纠结与困难，以至于暂时只能拿出这么一个平铺直叙的小传。但无论如何，撰写完冯雪峰、韦君宜这两位人民出版家的传记，对于人民出版、人民文学等当代文化典范的历史正当性、厚重感与复杂性，自己多少有了一层更深的了解与体认；对于冯雪峰、韦君宜这些由革命走向文化建设的知识分子的复杂人生及其铸就的人生境界、文化襟抱、人格魅力等，自己也更多了一份温情与敬意。

　　为两位人民文学出版人撰写小传，也让我想起自己与人民文学出版人有关的一些旧事。今天中国的读书人，有几位没有读过人文社的图书呢？像广大读者一样，我亦深深受惠于这家文学出版圣殿。而且，因为此前在地方文艺出版社谋食，对这家"皇家"同行当然有着更多一分的关注。还值得一说的是，2003 年，因为在报纸上发表一篇豆腐块书评，我竟意外接到许觉民（洁泯）先生的来信与赠书，后来与这位前辈多有交流；2005 年，因工作安排，我偶然编辑了《蒋天佐文集》——蒋天佐与许觉民两位，都是早期人文社领导层的人物。更未曾想到，在服务于出版业十余年后，我竟有幸进入大学，进而有幸得入出版家、作家聂震宁先生门下问学——聂老师正是人文社第七任社长。近距离的请益，让我对人文社的历史及其所建构起的"人文精神"传统，有着一种更深入的了解。在完成以人民文学出版社（1951—1966）为对象的博士论文后，我一直在断断续续地阅读人文社的相关材料。翻日记：2017 年 1 月 10 日，在雨中收到聂老师寄赠给我的新出十二卷《冯雪峰全集》。但是很惭愧，因为学殖荒疏，我暂时只能拿出这样两册小书。希望自己对于人民文学出版人的研究，在以后能够更进一步。

　　最后要感谢人民出版社和"中国出版家丛书"编委会的邀请，使得自己有机会相对系统地梳理人文社出版人的出版实践与思想；感谢聂震宁、张福生、范军、李频、吴永贵、贺畅、卓然等诸多师友的指点与帮助；特别要感谢方馨未、冯烈两位老师接受我冒昧的请求，热心地提供了诸多珍贵的照片，使本书大为增色。

张国功

2022 年 9 月 15 日星期四

统　　筹：贺　畅

责任编辑：卓　然　贺　畅

封面设计：肖　辉　王欢欢

版式设计：汪　莹

图书在版编目（CIP）数据

中国出版家 . 冯雪峰 / 张国功　著 . — 北京：人民出版社，2022.11

（中国出版家丛书 / 柳斌杰主编）

ISBN 978 - 7 - 01 - 025142 - 4

I. ①中⋯　II. ①张⋯　III. ①冯雪峰（1903-1976 年）– 生平事迹
　IV. ① K825.42

中国版本图书馆 CIP 数据核字（2022）第 185419 号

中国出版家 · 冯雪峰

ZHONGGUO CHUBANJIA FENG XUEFENG

张国功　著

人民出版社 出版发行

（100706　北京市东城区隆福寺街 99 号）

北京盛通印刷股份有限公司印刷　新华书店经销

2022 年 11 月第 1 版　2022 年 11 月北京第 1 次印刷

开本：710 毫米 ×1000 毫米 1/16　印张：14.25

字数：168 千字

ISBN 978 - 7 - 01 - 025142 - 4　定价：59.00 元

邮购地址 100706　北京市东城区隆福寺街 99 号

人民东方图书销售中心　电话（010）65250042　65289539